중간지원조직 위탁

정보화사업

사회복지시설

평생교육시설

청소년수련시설

문화예술시설

관광시설

체육시설

민원콜센터

폐기물처리시설

생활폐기물 수집운반

상수도시설

공공하수도시설

2025
전국 지방자치단체
청소년수련시설 운영현황

2025 전국 지방자치단체 2025. 09.

민·관 협업사무 운영 현황
| 청소년 수련시설 |

한국민간위탁연구소 Korea Contracting-out Institute

　한국민간위탁연구소는 정부에서 운영하는 민간위탁 공공서비스의 효율성 향상을 위해 설립된 연구기관입니다. 민간위탁은 성과지향형 공공서비스제공 공급방식의 하나로써 더 나은 정부, 더 효율적인 정부로 가기 위한 제도입니다.

　세상의 모든 사물은 세상의 변화를 수용해야 합니다. 민간위탁 사무 또한 운영 목적이나 사회적 가치변화를 수용해야하기 때문에 지속적으로 변화해 왔습니다. 현행 민간위탁 사무의 유형은 공익적 성격과 사익적성격의 사무가 혼재되어 스펙트럼이 다양합니다. 시대적 흐름과 환경 변화에 맞는 민간위탁사무는 갈수록 커뮤니티거버넌스형(CG) 공공서비스 제공방식으로 변화되어 가고 있습니다.

　이를 효율적으로 관리하기 위해서는 민간위탁의 본질을 이해해야 하는데, 대표적인 영문표기가 contracting out인 것처럼 구매계약 또는 외주계약으로 계약에 관한 전반적인 프로세스를 이해하고 계약관리능력이 필요한 제도라는 것을 이해해야 합니다. 민간위탁 과정은 먼저 민간위탁을 위한 추진계획을 수립한 후 지방의회의 심의를 거쳐 민간위탁 선정심의위원회의 선정과정을 통해 최종 민간위탁 사업자를 선정하게 됩니다. 이 과정에 민간위탁 업체선정을 위한 계약법검토, 조례제정 또는 개정, 적정 위탁비용 산정, 위탁 후 성과평가 결과 적용을 위한 지표개발 등 세부적이고 전문적인 연구결과를 통한 의사결정 자료가 필요하게 됩니다. 이러한 연구결과는 민간기업이 공공서비스를 제공할 때 지속적인 품질 개선을 유도함으로써 서비스경쟁력을 향상시키고, 지자체는 효율적인 예산운영을 통하여 과대 또는 과소예산으로 인한 사회적 비용을 감소시키며 재정운영의 건전성을 증대시키는 효과가 있습니다. 이와 같이 민간위탁만을 연구해온 저희 연구소는 다양한 연구를 통해 얻은 노하우를 바탕으로 좀 더 선진화된 민간위탁 의사결정 자료와 효율적인 운영방안을 제안하는 역할을 수행할 것입니다.

연구소장　배성기

주요연구분야	연락처
공공서비스디자인(Public Service Design)	전화 : 02 943 1941
민간위탁관리(Contracting Out Management)	팩스 : 02 943 1948
사업타당성검토(Project Feasibility)	이메일 : pami@pami.re.kr
정부원가계산(Government Cost Accounting)	홈페이지: www.pami.re.kr
정부보조금정산(Government Grant Accounting)	
공공서비스성과평가(Public Service Performance Evaluation)	
사회적경제기업(Social Economy), 사회적가치평가(SROI)	
조직 진단(Organizational Structure Design)	
공공관리혁신(Public Management Innovation)	
사회기반시설 자산관리(Infrastructure Asset Management)	

2025 전국 지방자치단체 「민·관 협업사무 운영현황」은 이렇게 발간되었습니다.

1. 조사개요

　민·관 협업은 학계와 실무계를 불문하고 사회 각계각층이 이 주제의 중요성을 인식하고 처방적 대안 마련에 관심을 쏟고 있음에도 민간위탁 케이스별 연구만이 주로 되어 왔습니다. 또한 사회적 현상을 기반으로 공공서비스의 유형을 공공서비스, 준공공서비스, 선택적 공공서비스 등으로의 구분하고 공익성의 정도에 따른 관리기법 및 예산운영 방법 등을 심도 있게 연구한 연구문헌이 부족한 상황입니다.

　민·관 협업형 공공서비스는 국민들과의 최접점에서 공급되는 공공서비스로 지속적으로 성장하는 국민들의 공공서비스 수요를 반영하고 개선하기 위해서는 다양한 주제와 분야별로 지속적인 연구가 되어야 합니다. 하지만 이러한 연구를 하기 위한 기초적 통계자료가 없다는 것은 실로 놀라운 일이 아닐 수 없습니다.

　따라서 본 조사는 전국 243개 지자체 전부를 대상으로 민·관 협업사무 현황을 분석하기 위해 지자체의 민간경상사업보조(307-02), 민간단체 법정운영비보조(307-03), 민간행사사업보조(307-04), 민간위탁금(307-05), 사회복지시설법정운영비보조(307-10), 사회복지사업보조(307-11), 민간인위탁교육비(307-12), 공기관등에 대한 경상적 위탁사업비(308-13), 공사공단 경상전출금(309-01), 민간자본사업보조 자체재원(402-01), 민간자본사업보조 이전재원(402-02), 민간위탁사업비(402-03), 공기관등에 대한 자본적 위탁사업비(403-02), 공사공단 자본전출금(404-01) 예산을 조사한 후 해당사무별 업체선정방법, 개별조례 유무, 원가산정기준, 서비스(성과)평가 유무, 수탁기업 현황 등에 대한 정보공개요청을 통해 현황을 조사하였습니다.

　본 조사를 통해 얻을 수 있었던 것은 동종의 민·관 협업사무라도 운영예산규모, 업체선정기준, 개별조례유무, 위탁비용 산정기준, 서비스(성과)평가 유무 등이 같지 않다는 것을 알 수 있었습니다. 이를 검증하기 위해서는 심도 있는 연구가 수행 되어야 하겠으나 이런 비교결과조차도 유의미하다고 생각됩니다.

　전국 지자체 민·관 협업사무 통계조사의 효용성은 첫째, 유사 민·관 협업사무의 운영예산 확인을 통한 예산운영의 적정성을 판단할 수 있는 기준자료, 둘째, 개별조례 유무 확인을 통한 제정 및 개정 용이, 셋째, 적정 비용 산정기준 확인, 넷째, 성과평가 기준 확인, 다섯째, 민간위탁기업명 확인을 통한 경쟁력 있는 기업선정 기초자료 확보 등과 같습니다.

　상기와 같은 조사를 통해 궁극적으로 얻고자 한 것은 「건전한 긴장관계 유지」입니다. 전국 민·관 협업사무 운영현황을 통해 사무의 종류와 예산의 규모, 협업 수행 기업의 종류와 유형이 공개됨으로써 민·관 협업사무를 추진하는 입장에서는 선택의 폭이 넓어질 것이고, 서비스를 받는 국민의 입장에서는 서비스기업 간 경쟁시스템이 올바르게 갖추어져, 좀 더 체계적이며, 경제적이고, 만족할 만한 공공서비스가 제공 되어질 것입니다.

현 통계 조사의 한계점은 지자체에서 민간이전(307), 자치단체등이전(308), 전출금(309), 민간자본이전(402), 자치단체자본이전(403), 공기업전출금(404) 예산으로 운영하는 사무를 총괄하여 나열하였으나 해당 사무의 예산 편성시 다른 예산항목 사업으로 편성하여 혼재되어 공개된 사무가 다수 존재합니다. 이는 향후 관리자 교육을 통해 민간위탁 사업의 정확한 이해를 기반으로 해당사무 운영 기본 조례 제·개정과 함께 해당 사무가 운영될 시에 해소가 될 것으로 판단됩니다.

본 현황분석은 한국민간위탁연구소의 열 번 째 전국단위 민·관 협업사무 운영현황 통계조사를 한 것으로서 미흡한 부분이 다소 존재합니다. 하지만 전국 민·관 협업 서비스 발전을 위한 기초 연구자료로써 중요한 역할을 할 수 있을 것을 기대합니다.

도움을 주신 전국 민·관 협업사무 담당 공무원분들께 감사드립니다.

〈주요 분야 조사결과〉

(자료요청기관수: 245개 지자체 / 단위: 백만원)

분야	2023년 기준 예산	2024년 기준 예산	2025년 기준 예산
하수도	2,148,373	2,224,146	2,418,765
상수도	-	2,552,021	2,708,947
생활폐기물 수집운반	1,956,510	2,137,423	2,638,934
폐기물처리시설	638,846	1,168,608	1,235,285
민원콜센터	-	69,450	75,904
체육시설	478,701	866,072	992,137
관광시설	150,187	180,118	203,502
문화예술시설	323,826	504,846	593,449
청소년수련시설	181,774	242,673	245,763
평생교육시설	-	96,335	118,617
사회복지시설	-	2,220,947	2,478,048
정보화사업	-	703,826	707,663
중간지원조직	-	397,602	502,325

2. **조사기간 :** 2025년 6월 ~ 2025년 9월

3. **조사결과**

〈청소년수련시설 분야 조사결과 종합〉

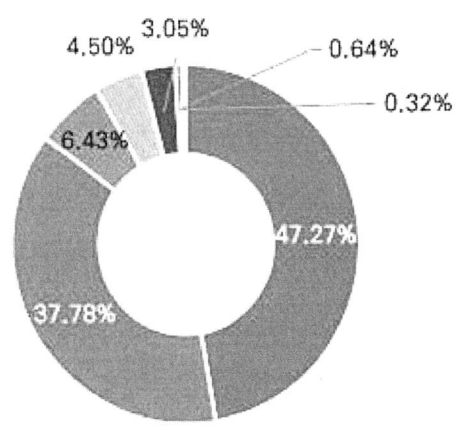

순위	문항	응답 건수(건)	백분율(%)
1	청소년문화의집	294	47.27
2	청소년수련관	235	37.78
3	기타	40	6.43
4	청소년수련원	28	4.50
5	청소년특화시설	19	3.05
6	유스호스텔	4	0.64
7	청소년야영장	2	0.32

〈 2025년 청소년수련시설 분야 시설별 분류 통계 〉

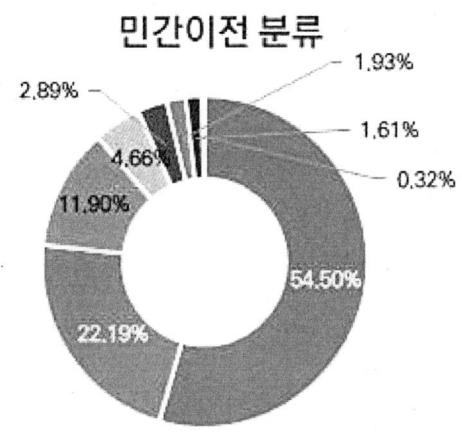

- 민간위탁금(307-05)
- 사회복지사업보조(307-11)
- 사회복지시설 법정운영비보조(307-10)
- 민간행사사업보조(307-04)
- 공기관등에대한경상적위탁사업비(308-13)
- 민간경상사업보조(307-02)
- 공사공단 경상전출금(309-01)
- 민간단체 법정운영비보조(307-03)

순위	문항	응답 건수(건)	백분율(%)
1	민간위탁금(307-05)	339	54.50
2	공기관등에대한경상적위탁사업비(308-13)	138	22.19
3	사회복지사업보조(307-11)	74	11.90
4	민간경상사업보조(307-02)	29	4.66
5	사회복지시설 법정운영비보조(307-10)	18	2.89
6	공사공단 경상선출금(309-01)	12	1.93
7	민간행사사업보조(307-04)	10	1.61
8	민간단체 법정운영비보조(307-03)	2	0.32

〈 2025년 청소년수련시설 분야 민간이전 분류 통계 〉

계약체결방법

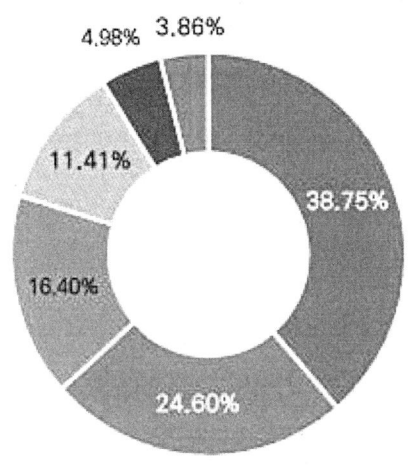

■ 해당없음　■ 기타　■ 일반경쟁　■ 법정위탁　■ 제한경쟁　■ 수의계약

순위	문항	응답 건수(건)	백분율(%)
1	해당없음	241	38.75
2	기타	153	24.60
3	일반경쟁	102	16.40
4	법정위탁	71	11.41
5	제한경쟁	31	4.98
6	수의계약	24	3.86

〈 2025년 청소년수련시설 분야 계약체결방법 통계 〉

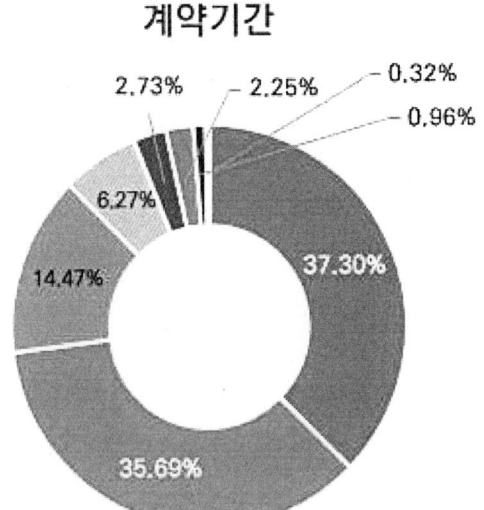

순위	문항	응답 건수(건)	백분율(%)
1	해당없음	232	37.30
2	3년	222	35.69
3	5년	90	14.47
4	1년	39	6.27
5	2년	17	2.73
6	단기계약(1년 미만)	14	2.25
7	기타	6	0.96
8	4년	2	0.32

〈 2025년 청소년수련시설 분야 계약기간 통계 〉

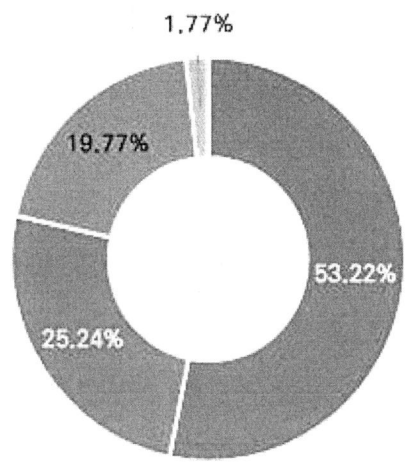

순위	문항	응답 건수(건)	백분율(%)
1	해당없음	331	53.22
2	적격심사	157	25.24
3	기타	123	19.77
4	협상에의한계약	11	1.77

〈 2025년 청소년수련시설 분야 낙찰자 선정방법 통계 〉

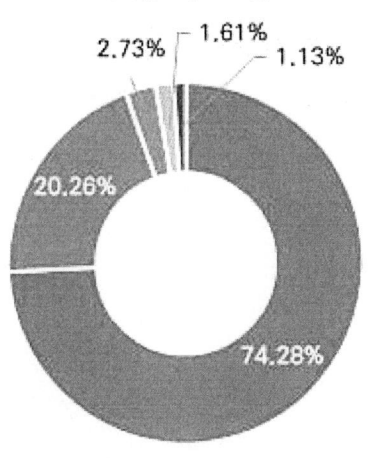

순위	문항	응답 건수(건)	백분율(%)
1	내부산정(지자체 자체산정)	462	74.28
2	해당없음	126	20.26
3	내·외부 모두산정	17	2.73
4	외부산정(외부전문기관 위탁)	10	1.61
5	산정 안함	7	1.13

〈 2025년 청소년수련시설 분야 운영비 산정 통계 〉

정산방법

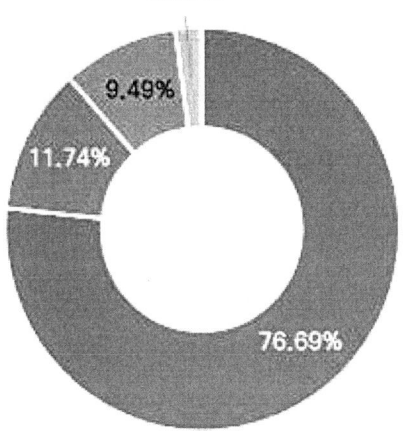

- 내부정산(지자체 자체)
- 내·외부 모두 수행
- 해당없음
- 외부정산(외부전문기관 위탁)

순위	문항	응답 건수(건)	백분율(%)
1	내부정산(지자체 자체)	477	76.69
2	내·외부 모두 수행	73	11.74
3	해당없음	59	9.49
4	외부정산(외부전문기관 위탁)	13	2.09

〈 2025년 청소년수련시설 분야 정산방법 통계 〉

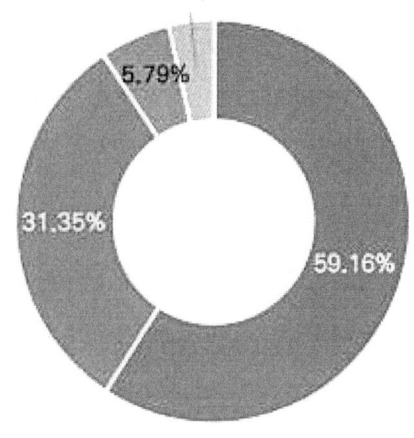

순위	문항	응답 건수(건)	백분율(%)
1	실시	368	59.16%
2	해당없음	195	31.35%
3	향후 추진	36	5.79%
4	미실시	23	3.70%

〈 2025년 청소년수련시설 분야 성과평가 실시여부 통계 〉

성과평가 주기

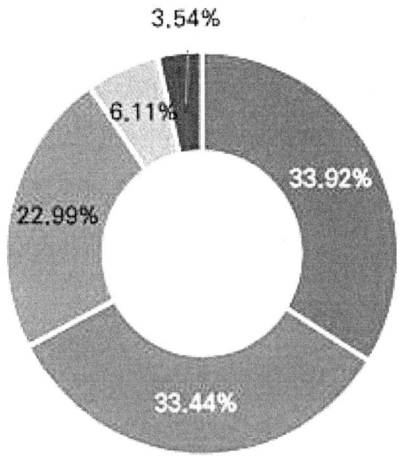

■ 매년　■ 해당없음　■ 계약기간만료전　■ 기타　■ 격년

순위	문항	응답 건수(건)	백분율(%)
1	매년	211	33.92
2	해당없음	208	33.44
3	계약기간만료전	143	22.99
4	기타	38	6.11
5	격년	22	3.54

〈 2025년 청소년수련시설 분야 성과평가 주기 통계 〉

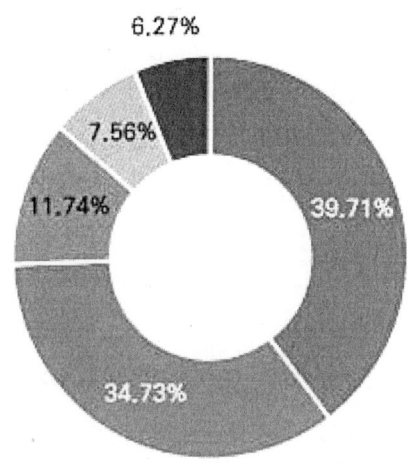

순위	문항	응답 건수(건)	백분율(%)
1	자체 실시	247	39.71
2	해당없음	216	34.73
3	전문위원 섭외(평가단 구성)	73	11.74
4	기타	47	7.56
5	전문 평가기관 의뢰	39	6.27

〈 2025년 청소년수련시설 분야 성과평가 실시방법 통계 〉

평가기준 적용방법

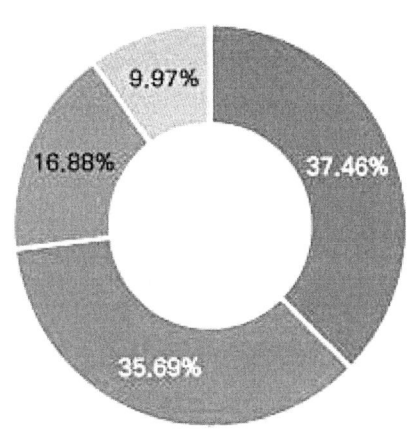

■ 해당없음　■ 관련 조례 적용　■ 기타　■ 전문 평가기관 의뢰

순위	문항	응답 건수(건)	백분율(%)
1	해당없음	233	37.46
2	관련 조례 적용	222	35.69
3	기타	105	16.88
4	전문 평가기관 의뢰	62	9.97

〈 2025년 청소년수련시설 분야 평가기준 적용방법 통계 〉

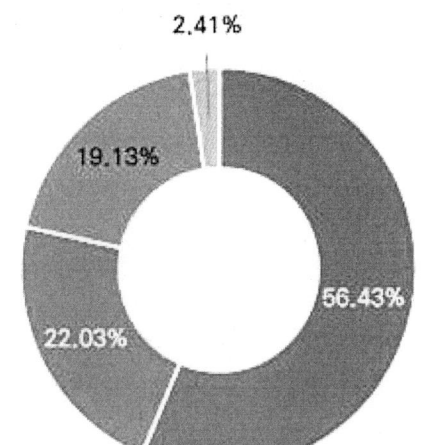

순위	문항	응답 건수(건)	백분율(%)
1	해당없음	351	56.43
2	기타	137	22.03
3	매년 적용	119	19.13
4	적용 안함	15	2.41

〈 2025년 청소년수련시설 분야 인센티브 및 패널티 적용여부 통계 〉

인센티브 및 패널티 적용근거

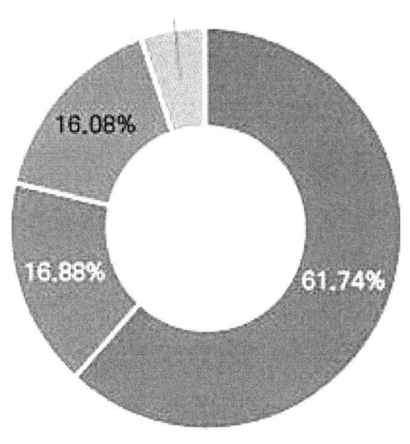

순위	문항	응답 건수(건)	백분율(%)
1	해당없음	384	61.74
2	조례	105	16.88
3	기타	100	16.08
4	계약서	33	5.31

〈 2025년 청소년수련시설 분야 인센티브 및 패널티 적용근거 통계 〉

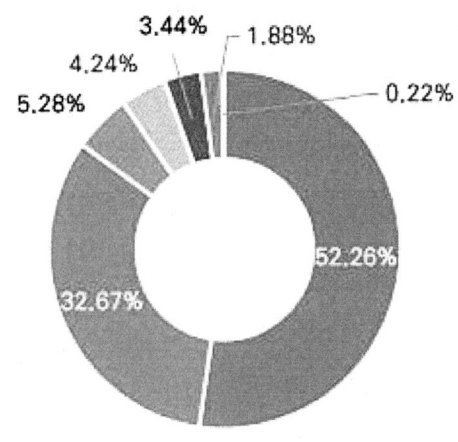

청소년수련시설별 예산 현황

순위	문항	예산액(천원)	백분율(%)
1	청소년수련관	128,443,546	52.26
2	청소년문화의집	80,295,939	32.67
3	청소년특화시설	12,979,767	5.28
4	청소년수련원	10,429,501	4.24
5	기타	8,453,001	3.44
6	유스호스텔	4,613,624	1.88
7	청소년야영장	547,396	0.22

〈 2025년 청소년수련시설 분야 시설별 예산현황 통계 〉

■ 민·관협업 예산비목 설명

1) 민간경상사업보조(307-02)란 민간이 행하는 사업에 대하여 자치단체가 이를 권장하기 위하여 교부하는 것으로 자본적 경비를 제외한 보조금을 말함
2) 민간단체 법정운영비보조(307-03)란 지방재정법 제17조 및 지방보조금법 제6조제2항에 따라 운영비를 지원할 수 있는 단체 등에 지원하는 경비를 말함
3) 민간행사사업보조(307-04)란 민간이 주관 또는 주최하는 행사에 대하여 자본적 경비를 제외한 보조금을 말함
4) 민간위탁금(307-05)이란 국가 또는 지방자치단체가 법령 및 조례에 의하여 민간인에게 위탁 관리시키는 사업 중 기금성격의 사업비로서 사업이 종료되거나 위탁이 폐지될 때에는 전액 국고 또는 지방비로 회수가 가능한 사업을 말함
5) 사회복지시설 법정운영비 보조(307-10)란 주민 복지를 위해 법령의 명시적 근거에 따라 사회복지시설에 대하여 운영비 지원 목적으로 편성하는 보조금을 말함
6) 사회복지사업보조(307-11)란 주민 복지를 위해 법령 또는 조례상 지원기준에 따라 의무적으로 지출하는 보조금 또는 자치단체가 권장하는 다음 각 호의 사업을 위하여 지급하는 보조금으로서 자본적 경비를 제외한 경비를 말함
7) 민간인위탁교육비(307-12)란 법령 또는 조례 등에 따라 자치단체 사무를 위해 민간인을 위탁 교육할 경우 위탁기관에 지급할 위탁교육비를 말함
8) 공기관등에 대한 경상적 위탁사업비(308-13)란 광역사업 등 당해 자치단체가 시행하여야 할 자본형성적 사업 외의 경비를 공기관에 위임 또는 위탁, 대행하여 시행할 경우 부담하는 제반 경비, 지방자치단체조합(한국지역정보개발원 등)에 위탁하는 자본 형성적 사업 외 제반 경비를 말함
9) 공사·공단 경상전출금(309-01)이란 공사·공단에 대한 자본전출금을 제외한 전출금을 말함
10) 민간자본사업보조(자체재원)(402-01)이란 민간의 자본형성을 위하여 민간이 추진하는 사업을 권장할 목적으로 민간에게 자치단체 자체 재원으로 직접 지급하는 보조금을 말함
11) 민간자본사업보조(이전재원)(402-02)이란 민간의 자본형성을 위하여 민간이 추진하는 사업을 권장할 목적으로 민간에게 국비 또는 시도비를 시도 및 시군구에서 지급하는 보조금
12) 민간위탁사업비(402-03)란 자치단체가 직접 추진하여야 할 사업으로서 법령의 규정에 의하여 민간에 위임 또는 위탁, 대행시키는 사업의 사업비, 국가 또는 지방자치단체의 위임사무에 수반하는 경비로서 지방자치단체 이외의 타에 지급하는 교부금을 말함
13) 공기관등에 대한 자본적 위탁사업비(403-02)란 광역사업 등 당해 자치단체가 시행하여야 할 자본 형성적 사업을 공기관에 위임 또는 위탁, 대행하여 시행할 경우 부담하는 제반경비를 말함
14) 공사·공단자본전출금(404-01)이란 공사·공단에 대한 자본형성 또는 경제개발을 위하여 지급하는 전출금을 말함

자료출처 : 행정안전부, 2025년도 지방자치단체 예산편성 운영기준 및 기금운용계획 수립기준(2024. 7.)

목 차

9. 청소년 수련시설 ··· 1

서울

종로구 ···1
중구 ··1
용산구 ···1
성동구 ···1
광진구 ···1
동대문구 ···1
중랑구 ···1
성북구 ···1
강북구 ···1
도봉구 ···1
노원구 ···1
은평구 ···1
서대문구 ···2
마포구 ···2
양천구 ···2
강서구 ···2
구로구 ···2
금천구 ···2
영등포구 ···2
동작구 ···2
관악구 ···2
서초구 ···2
강남구 ···2
송파구 ···2
강동구 ···2

부산

부산광역시 ···2
중구 ··2
서구 ··2
부산진구 ···3
동래구 ···3
북구 ··3
해운대구 ···3
사하구 ···3
수영구 ···3
사상구 ···3
기장군 ···3

대구

대구광역시 ···4
동구 ··4
북구 ··4
수성구 ···4
달서구 ···4
달성군 ···4
군위군 ···5

인천

인천광역시 ···5
중구 ··5
동구 ··5
미추홀구 ···5
연수구 ···5
남동구 ···5
부평구 ···5
계양구 ···5
서구 ··5
강화군 ···5
옹진군 ···5

목 차

광주

광주광역시 …………………………………… 6
동구 …………………………………………… 6
서구 …………………………………………… 6
남구 …………………………………………… 6
북구 …………………………………………… 6
광산구 ………………………………………… 6

대전

대전광역시 …………………………………… 6
동구 …………………………………………… 6
중구 …………………………………………… 6
서구 …………………………………………… 6
유성구 ………………………………………… 6
대덕구 ………………………………………… 6

울산

중구 …………………………………………… 6
남구 …………………………………………… 7
동구 …………………………………………… 7
북구 …………………………………………… 7
울주군 ………………………………………… 7

세종

세종특별자치시 ……………………………… 7

경기

수원특례시 …………………………………… 7
안양시 ………………………………………… 7
부천시 ………………………………………… 7
광명시 ………………………………………… 7
평택시 ………………………………………… 7
안산시 ………………………………………… 3
고양특례시 …………………………………… 8
과천시 ………………………………………… 8
구리시 ………………………………………… 8
남양주시 ……………………………………… 9
오산시 ………………………………………… 9
시흥시 ………………………………………… 9
군포시 ………………………………………… 9
의왕시 ………………………………………… 9
하남시 ………………………………………… 9
용인특례시 …………………………………… 9
이천시 ………………………………………… 9
안성시 ………………………………………… 10
김포시 ………………………………………… 10
화성특례시 …………………………………… 10
광주시 ………………………………………… 10
여주시 ………………………………………… 10
연천군 ………………………………………… 10
가평군 ………………………………………… 10
양평군 ………………………………………… 10

목 차

강원
춘천시 ··12
원주시 ··12
태백시 ··12
속초시 ··12
영월군 ··12
정선군 ··12
고성군 ··12

충북
청주시 ··12
충주시 ··12
제천시 ··12
증평군 ··12
괴산군 ··12
음성군 ··12

충남
공주시 ··12
당진시 ··12
보령시 ··13
서산시 ··13
계룡시 ··13
부여군 ··13
청양군 ··13
홍성군 ··13
예산군 ··13

전북
전주시 ··13
군산시 ··14
익산시 ··14
정읍시 ··14
남원시 ··14
완주군 ··14
진안군 ··14
무주군 ··14
순창군 ··14

전남
전라남도 ··14
목포시 ··14
여수시 ··15
나주시 ··15
광양시 ··15
담양군 ··15
곡성군 ··15
보성군 ··15
해남군 ··15
함평군 ··15
장성군 ··15
완도군 ··15
신안군 ··15

목 차

경북
포항시 …………………………………15
안동시 …………………………………16
구미시 …………………………………16
영주시 …………………………………16
상주시 …………………………………16
영천시 …………………………………16
문경시 …………………………………16
경산시 …………………………………16

경남
창원특례시 ……………………………16
통영시 …………………………………16
사천시 …………………………………16
밀양시 …………………………………16
거제시 …………………………………17
양산시 …………………………………17
의령군 …………………………………17
함안군 …………………………………17
창녕군 …………………………………17

제주
제주시 …………………………………17
서귀포시 ………………………………17

2025년 전국 지방자치단체 청소년 수련시설 민간이전 및 민간자본이전 운영현황 조사

순번	시도구	사업명(사업명)	청소년 수련시설 분류 1.청소년수련관 2.청소년문화의집 3.청소년수련원 4.청소년야영장 5.유스호스텔 6.스포츠시설 7.청소년특화시설 8.기타(시설명)	2025년예산 (단위:천원/1년간)	민간이전 분류 (지방자치단체 세출예산 집행기준에 의거) 1.민간경상사업보조(307-02) 2.민간단체 법정운영비보조(307-03) 3.민간자본사업보조(307-04) 4.민간위탁금(307-05) 5.사회복지시설 법정운영보조(307-10) 6.사회복지시설(307-11) 7.민간위탁교육비(307-12) 8.공기관등에대한경상적위탁(업비)(308-13) 9.공사공단 경상전출금(309-01)	민간이전자들 근거 (지방보조금 관리기준 참고) 1.법률에 규정 2.국고보조 지원(국가기준) 3.용도 지정 기부금 4.조례에 지원근거 5.자치재정 검진하는 사업을 하는 공공기관 6.시.도 정책 및 계획수행 7.기타 8.해당없음	계약방식(경쟁방식) 1.발주경쟁 2.제한경쟁 3.지명경쟁 4.수의계약 5.법정위탁 6.기타() 7.해당없음	입찰방식 계약기간 1.1년 2.2년 3.3년 4.4년 5.5년 6.7년(1년) 7.단기계약 8.해당없음	낙찰자선정방법 1.적격심사 2.청소년업종계약 3.최저가계약 4.규격가계약 5.단계별 경쟁(협상) 6.기타() 7.해당없음	운영비산정 1.내부산정 (자치지체내 사업으로 산정) 2.외부산정 (외부전문기관위탁 산정) 3.내외부 모두 산정 4.산정 無 5.해당없음	운영예산 산정 1.내부산정 2.외부산정 3.내외부 모두 산정 4.산정 無 5.해당없음	성과평가 실시여부 1.실시 2.미실시 3.향후 추진 4.해당없음	성과평가 주기 1.매년 2.2년 3.기간연장판 4.기타() 5.해당없음	성과평가 실시 방법 1.자체 실시 2.평가단 구성 후 실시(전문위원 섭외) 3.전문평가기관 의뢰 4.기타() 5.해당없음	평가기준 적용방법 1.관련 조례 적용 2.전문 평가기관 의뢰 3.기타 4.해당없음	실제 인센티브 페널티 적용유무 1.예산 반영 2.적용 없음 3.기타() 4.해당없음	인센티브 및 페널티 적용근거 1.조례 2.계약서 3.기타() 4.해당없음
1	서울 종로구	청소년문화의집 운영	2	200,000	4		8	7	5		4	5	5	4	4	4
2	서울 중구	사립청소년문화교류센터 위탁운영 지원	7	854,293	4	6		6			1	1	3	2	3	3
3	서울 중구	청소년센터방과후아카데미	1	197,472	1	7	3	7	5	3	1	1	1	3	1	2
4	서울 중구	유학방과후아카데미	8	200,872	1	7	3	7	5	3	1	1	1	3	1	2
5	서울 중구	종구청소년센터운영	4	1,878,593	6	2	3	2	5	3	1	1	1	3	1	2
6	서울 중구	종구내지 도서에지원	6	26,320	1	7	1	7	5	3	4	5	5	4	4	4
7	서울 중구	학교밖청소년센터운영	1	96,812	4	4	3	7	5	3	1	1	1	2	2	2
8	서울 중구	학교밖청소년급식지원	1	28,900	4	4	1	7	1		1	1	1	3	3	3
9	서울 중구	지역청소년기구운영(청소년운영위원회)	1	1,684	6		1	7	1	3	4	5	5	4	4	4
10	서울 용산구	사립청소년미디어센터 위탁운영 지원	7	1,662,703	4		3	6	1		1	1	3	1	3	4
11	서울 용산구	청소년문화의집위탁관리	1	3,722,550	9	8	7	7	1		4	5	5	4	4	4
12	서울 용산구	청소년문화센터관리	2	1,351,637	9	8	3	7	1		4	5	5	4	4	4
13	서울 성동구	사립용동청소년센터 위탁운영 지원	1	1,327,527	4	1	1	1	3		1	3	1	2	1	4
14	서울 성동구	구립용동청소년문화의집 운영	2	826,867	4	1	3	1	3		1	3	1	2	2	4
15	서울 성동구	사립용대청소년센터 위탁지원	1	1,395,931	4	6	3	6	1		1	3	3	2	3	3
16	서울 동대문구	사립용대청소년센터 위탁운영	1	1,176,915	4	7	2	6	1		1	1	3	3	3	3
17	서울 중량구	동대문구 청소년참여위원회		2,500	4		8	7	1		4	5	4	4	4	4
18	서울 중량구	사립중랑청소년센터 위탁운영	1	1,280,724	4	6	2	6	1		1	3	3	2	4	4
19	서울 강북구	사립면목청소년의 집 운영	2	717,519	4	1	3	1	1		1	3	1	1	3	3
20	서울 강북구	월계 청소년센터 운영	2	643,822	4		3	1	1		1	3	1	2	2	2
21	서울 강북구	사립면목청소년센터 위탁운영 지원	1	1,233,152	4	6	2	6	1		1	3	3	2	3	3
22	서울 강북구	구립면목청소년센터 위탁운영 지원	1	1,082,509	4	6	3	6	1		1	3	3	2	3	3
23	서울 성북구	청소년사업	8(운동용청소년문화의집)	613,343	4	6	5	1	1		1	3	2	1	4	4
24	서울 성북구	청소년사업	8(용동청소년문화의집)	600,941	4	6	5	1	1		1	3	2	1	4	4
25	서울 성북구	청소년사업	8(도봉청소년문화의집)	571,500	4	6	5	1	1		1	3	2	1	4	4
26	서울 도봉구	사립노원청소년센터 위탁운영 지원	1	1,472,546	4	6	3	6	1		1	3	3	2	3	3
27	서울 도봉구	공릉청소년문화의집 운영	2	710,000	4	6	3	1	1		1	3	1	1	4	4
28	서울 도봉구	상계청소년문화의집 운영	2	610,000	4	6	3	1	1		1	3	1	1	4	4
29	서울 노원구	상아어울림센터 운영	7	410,508	4	6	3	1	1		1	3	1	1	4	4
30	서울 노원구	청소년아지트 운영	8(누리지도교육센터지원,하무)	539,641	4	6	3	1	1		1	3	1	1	4	4
31	서울 은평구	사립은평청소년센터 위탁운영 지원	1	1,109,294	4	6	3	6	1		1	3	3	2	3	3
32	서울 은평구	갈현청소년문화의집 운영	2	602,387	1.4	6	3	1	1		1	3	4	3	3	3
33	서울 은평구	은평구청소년문화의집 신나는애플린센터 운영	2	621,074	1.4	1	3	1	1		1	3	4	3	3	1

- 1 -

순번	시군구	지원(사업)명	청소년 수련시설 분류 1. 청소년수련관 2. 청소년문화의집 3. 청소년수련원 4. 청소년야영장 5. 유스호스텔 6. 청소년특화시설 7. 청소년복지시설 8. 기타 (시설명)	2025년예산 (당부,전환 /1년 간)	민간이전 분류 (지방자치단체 세출예산 집행기준 의거) 1. 민간경상사업보조(307-02) 2. 민간단체 법정운영비보조(307-03) 3. 민간자본사업보조(307-04) 4. 민간위탁금(307-05) 5. 사회복지시설 법정운영비보조(307-10) 6. 사회복지사업보조(307-11) 7. 민간인위탁교육비(307-12) 8. 공기관등에대한경상적위탁사업비(308-13) 9. 공사공단 경상전출금(309-01)	민간이전자출 근거 (지방보조금 관리기준 참고) 1. 법률에 규정 2. 국고보조 재원(국가지장) 3. 용도 지정 기부금 4. 조례에 지정근거 5. 지자체가 권장하는 사업을 하는 공공기관 6. 시.도 정책 및 역점사업 7. 기타 8. 해당없음	계약체결방식 (경쟁여부) 1. 일반경쟁 2. 제한경쟁 3. 지명경쟁 4. 수의계약 5. 방침계약 6. 기타 () 7. 해당없음	계약기간 1. 1년 2. 2년 3. 3년 4. 4년 5. 5년 6. 기타 (1년) 7. 단기계약 (1개월(안)) 8. 해당없음	낙찰자선정방식 1. 직접심사 2. 협상에 의한 계약 3. 최저가낙찰제 4. 규격가낙찰제 5. 2단계 경쟁입찰 6. 기타 () 7. 해당없음	운영비산정 1. 내부산정 (지자체 자체적으로 산정) 2. 외부산정 (외부전문기관에 산정) 3. 내외부 모두 산정 4. 산정無 5. 해당없음	정산방법 1. 내부정산 (지자체 내부적으로 정산) 2. 외부정산 (외부전문기관에 정산) 3. 내외부 모두 정산 4. 정산無 5. 해당없음	성과평가 실시여부 1. 실시 2. 미실시 3. 향후 추진 4. 해당없음	성과평가 주기 1. 매년 2. 격년 3. 기간산정 4. 기타 () 5. 해당없음	성과평가 실시 방법 1. 자체 실시 2. 위원회 구성 후 실시 (평가위원 참여) 3. 전문 평가기관 의뢰 4. 기타 () 5. 해당없음	평가기준 작성방법 1. 관련 조례 적용 2. 전문 평가기관 의뢰 3. 기타 () 4. 해당없음	실제 인센티브 및 페널티 적용 여부 1. 매년 적용 2. 적용 () 3. 기타 4. 해당없음	인센티브 및 페널티 적용근거 1. 조례 2. 계약서 3. 기타 () 4. 해당없음
34	서울 서대문구	시립서대문청소년센터 위탁운영 지원	1	826,537	4	1	6	2	6	1	1	1	1	3	2	3	3
35	서울 서대문구	청소년상담복지센터 운영지원	8(청소년상담복지센터)	843,390	4	8	1	3	1	1	1	1	3	2	1	3	4
36	서울 서대문구	학교박청소년지원센터 운영지원	8(학교박청소년지원센터)	347,543	4	8	1	3	1	1	1	1	3	2	1	3	1
37	서울 서대문구	가재울청소년센터	2	1,069,039	4	4	6	3	6	1	3	1	3	2	1	3	3
38	서울 마포구	마포청소년문화의집 운영지원	2	736,579	4	8	6	3	6	1	1	1	3	2	3	2	4
39	서울 마포구	시립마포청소년센터 위탁운영지원	1	1,129,267	4	1	6	3	6	1	1	1	3	3	4	3	3
40	서울 마포구	청소년수련시설 운영	2	2,418,230	4	1	1	3	1	1	3	1	5	5	4	4	4
41	서울 양천구	시립양천청소년센터 위탁운영	7	1,950,955	4	1	6	3	6	1	1	1	3	3	2	3	3
42	서울 양천구	신월청소년문화센터 운영지원	2	1,197,347	4	1	6	2	6	1	1	1	3	1	3	3	3
43	서울 강서구	시립화곡청소년센터 위탁운영 지원	1	1,013,960	4	1	6	3	6	1	1	1	3	3	2	2	3
44	서울 강서구	강서청소년회관 운영	1	1,030,734	4	1	1	5	1	3	3	3	3	1	4	3	4
45	서울 구로구	시립구로청소년센터 위탁운영지원	1	1,124,556	4	1	6	3	6	1	1	1	3	3	4	3	3
46	서울 구로구	청소년수련시설 운영	2	2,430,752	4	1	1	3	1	1	3	1	5	5	4	4	4
47	서울 금천구	시립금천청소년센터 위탁운영 지원	1	1,364,191	4	4	6	3	6	1	1	1	3	3	4	3	3
48	서울 금천구	독산청소년문화의집 운영	2	398,043	4	1	6	3	1	1	3	1	1	3	2	3	3
49	서울 금천구	금천청소년아지트 운영	2	391,102	4	1	6	5	6	1	1	1	3	1	1	2	3
50	서울 영등포구	시립영등포청소년센터 위탁운영	7	2,173,291	4	1	6	3	6	1	1	1	3	3	4	3	3
51	서울 영등포구	영등포청소년문화센터 위탁운영	2	894,428	4	4	6	3	6	1	1	1	3	3	4	3	3
52	서울 동작구	시립동작청소년진로센터 위탁운영	7	1,354,516	4	4	6	3	6	1	1	1	3	1	2	2	3
53	서울 동작구	청소년 시설운영	2	2,341,091	4	1	1	3	1	1	3	1	3	1	3	3	2
54	서울 관악구	청소년수련관 운영	1	1,445,661	9	4	7	6	7	1	1	1	5	5	4	4	4
55	서울 서초구	유스센터 운영	5	3,630,244	4	1	5	5	7	1	1	1	2	2	4	1	4
56	서울 서초구	시립서초청소년센터 위탁운영 지원	1	1,115,563	4	1	6	3	6	1	1	1	3	3	2	3	3
57	서울 송파구	송파청소년문화의집 운영	1	912,028	4	1,4	1	3	1	1	1	1	1	3	4	1	3
58	서울 송파구	마천청소년센터 운영	1	455,000	4	1,4	1	5	1	1	1	1	1	1	4	1	4
59	서울 송파구	잠실청소년센터 운영	2	635,300	4	1,4	2	5	2	1	1	1	1	3	4	1	4
60	서울 송파구	오륜청소년센터 운영	7	918,200	4	1,4	2	5	2	1	1	1	1	3	4	1	4
61	서울 강동구	시립강동청소년센터 위탁운영 지원	2	1,212,414	4	1	6	2	6	1	1	1	3	3	2	3	3
62	서울 강동구	진훌청소년문화의집 운영지원	2	687,600	4	4	2	3	1	1	1	1	3	1	1	1	4
63	서울 강동구	둔촌청소년문화의집 운영지원	2	595,000	4	1	2	3	1	1	1	1	3	3	2	1	3
64	서울 중구	청소년 문화의집 지원	2	186,000	4	4	1	5	1	1	1	1	1	1	1	4	4
65	서울 중구	청소년 방과후 아카데미 운영	2	185,774	4	1	1	5	1	1	1	1	1	1	1	4	4
66	서울 중구	청소년 지도사 배치(원장)	2	26,316	4	4	1	2	1	1	1	1	1	1	1	4	4
67	서울 중구	공공청소년수련시설 프로그램 운영 지원	2	9,800	4	4	1	3	1	1	1	1	1	1	1	4	4
68	부산 중구	청소년 방과후 아카데미 종사자 지원	2	5,880	4	4	1	3	1	4	5	5	4	2	1	4	4
69	부산 서구	청소년 시설운영	1	484,960	4	6	6	5	6	1	1	5	5	5	4	4	4
70	부산 서구	청소년문화의집 운영	2	194,000	4	1	1	3	1	1	1	1	1	1	1	3	1

- 2 -

순번	시군구	지출명(사업명)	청소년수련시설 분류 1.청소년수련관 2.청소년문화의집 3.청소년수련원 4.청소년야영장 5.유스호스텔 6.스포츠시설 7.청소년특화시설 8.기타(시설명)	2025년분 (단위:천원/1년간)	민간위탁 분류 (지방자치단체 사용하는 입법기준에 의거) 1.민간경상사업보조(307-02) 2.민간단체 법정운영보조(307-03) 3.민간행사사업보조(307-04) 4.민간위탁금(307-05) 5.사회복지시설 법정운영비보조(307-10) 6.민간위탁사업보조(307-11) 7.민간인위탁료(307-12) 8.공기관등에대한경상적위탁사업비(308-13) 9.용역용 경상운영(309-01)	민간위탁자 근거 (지방보조금 관리법률 참고) 1.법률에 규정 2.국고보조 재원(국가지정) 3.조례 지정 규정 4.지자체 지정규정 5.지자체가 권한하는 사업들 6.하는 공공기관 7.시도 정책 및 역점사업 8.기타 9.해당없음	계약체결방법 (경쟁형태) 1.일반경쟁 2.제한경쟁 3.지명경쟁 4.수의계약 5.발주형태 6.기타() 7.해당없음	입찰방식 계약기간 1.1년 2.2년 3.3년 4.4년 5.5년 6.기타()년 7.단기계약 (1년이만) 8.해당없음	입찰방식 낙찰자선정방법 1.적격심사 2.최저가낙찰제 3.최적가낙찰제 4.규격가격분리 5.2단계 경쟁입찰 6.기타() 7.해당없음	운영예산 산정 운영사선정 1.내부산정 2.외부산정 3.내외부 모두 산정 4.산정兼 5.해당없음	운영예산 산정 정산방법 1.내부정산 (지자체 내부적으로 정산) 2.외부정산 (외부전문기관위탁 정산) 3.내외부 모두 산정 4.정산無 5.해당없음	성과평가 성과평가 실시여부 1.실시 2.미실시 3.향후 추진 4.해당없음	성과평가 성과평가 주기 1.매년 2.격년 3.기간반복 4.기타() 5.해당없음	성과평가 성과평가 실시 방법 1.자체 실시 2.평가단 구성 후 실시 (전문위원 섭외) 3.전문 평가기관 의뢰 4.기타() 5.해당없음	성과평가 평가기관 적용방법 1.관련 조례 적용 2.전문 평가기관 의뢰 3.기타() 4.해당없음	평가결과 적용 실제 인센티브/페널티 적용 유무 1.예산 적용 2.직원 임용 3.기타() 4.해당없음	평가결과 적용 인센티브 및 페널티 적용근거 1.조례 2.계약서 3.기타() 4.해당없음
71	부산 부산진구	청소년수련시설 운영 지원	2	213,400	4	1	1	5	6	1	1	1	2	4	3	3	3
72	부산 부산진구	청소년수련시설 운영 지원	2	220,100	4	1	1	3	6	1	1	1	2	4	3	3	3
73	부산 부산진구	청소년수련시설 운영 지원	2	233,500	4	1	1	3	6	1	1	1	2	4	3	3	3
74	부산 부산진구	청소년지도사 배치 지원	2	23,316	6	1	7	1	7	5	1	1	2	4	3	3	3
75	부산 부산진구	청소년지도사 배치 지원	2	23,316	6	1	7	1	7	5	1	1	2	4	3	3	3
76	부산 부산진구	청소년지도사 배치 지원	2	23,316	6	1	7	1	7	5	1	1	2	4	3	3	3
77	부산 부산진구	청소년발달과후아카데미 교실 종사자 지원	2	5,880	5	1	7	1	7	5	1	1	2	4	3	3	3
78	부산 부산진구	청소년발달과후아카데미 교실 종사자 지원	2	5,880	5	5	7	1	7	5	1	1	2	4	3	3	3
79	부산 부산진구	청소년발달과후아카데미 교실 종사자 지원	2	5,880	5	6	7	1	7	5	1	1	2	4	3	3	3
80	부산 부산진구	청소년발달과후아카데미 교실 지원	2	185,774	1	1	7	1	7	1	1	1	2	4	3	3	3
81	부산 부산진구	청소년발달과후아카데미 교실 지원	2	185,774	1	1	7	1	7	1	1	1	2	4	3	3	3
82	부산 부산진구	청소년발달과후아카데미 교실 지원	2	185,774	6	1	7	5	2	1	1	1	2	4	3	3	3
83	부산 동래구	청소년수련시설 운영 지원	1	607,027	4	4	7	5	7	1	1	3	3	2	4	3	4
84	부산 동래구	청소년문화의집 운영 지원	2	183,532	4	1	1	8	7	1	1	4	5	5	4	4	4
85	부산 북구	청소년발달과후 아카데미 지원	2	185,774	6	6	7	8	7	1	5	4	5	5	4	4	4
86	부산 북구	발달과후아카데미 종사자 지원	2	5,880	6	6	7	8	7	1	5	4	5	5	4	4	4
87	부산 북구	청소년수련시설 프로그램 운영	2	25,000	6	1	1	8	7	1	5	4	5	5	4	4	4
88	부산 북구	공공청소년 수련시설 청소년지도사 배치 지원	2	26,316	5	1	7	5	1	1	5	4	5	5	4	4	4
89	부산 북구	청소년수련시설 운영활성화 지원	2	1,300	6	1	1	8	7	1	1	4	5	5	4	4	4
90	부산 북구	청소년방과후활동지원사업 지원사업	2	2,000	6	1	1	8	7	1	1	4	5	5	4	4	4
91	부산 북구	청소년지도사 배치 지원	2	2,800	4	1	1	5	7	1	1	4	5	5	4	4	4
92	부산 해운대구	예원대청소년수련관 운영	1	187,774	6	1	7	5	7	1	1	4	5	5	1	4	4
93	부산 해운대구	청소년발달과후 아카데미 급식 지원	1	38,400	6	1	7	8	7	5	5	4	5	5	4	4	4
94	부산 해운대구	청소년발달과후아카데미 종사자 지원	2	5,880	5	2	7	8	7	3	3	4	5	5	4	4	4
95	부산 해운대구	예원대청소년수련원 지원사업	1	750,000	4	2	1	1	7	2	2	4	5	5	4	4	4
96	부산 해운대구	청소년지도사 배치지원	2	26,316	8	1	1	1	7	1	1	4	5	5	4	4	4
97	부산 해운대구	청소년예술마당 운영 지원	2	10,000	4	1	1	5	6	1	1	4	5	5	4	4	4
98	부산 수영구	청소년문화의집 운영	2	341,745	4	1,4	6	5	7	1	1	4	5	1	1	4	4
99	부산 사상구	청소년수련관 운영	1	445,000	4	4	1	1	1	1	1	1	3	1	1	1	4
100	부산 사상구	청소년문화의집 운영(기장군청소년수련관)	1	1,435,668	9	5	6	5	6	1	1	3	3	3	3	1	4
101	부산 기장군	도서관운영(기장군도서관)	2	446,791	9	5	6	5	6	1	1	3	3	3	2	1	1
102	부산 기장군	도서관운영 운영(기장문화예술회관)	3	1,286,340	9	5	6	5	6	1	1	1	1	3	2	1	1

- 3 -

순번	시군구	지역명(사업명)	청소년 수련시설 분류	2025년예산 (단위:천원/1년간)	민간이전 분류	민간이전지출 근거	계약체결방법(경쟁형태)	계약기간	낙찰자선정방법	운영비산정	운영예산 편성	성과평가 실시여부	성과평가 주기	성과평가 실시 방법	평가기관 적용방법	실제 인센티브/패널티 적용 유무	인센티브 및 패널티 적용근거
108	대구광역시	청소년수련시설 위탁운영	3	930,000	4	1	1	3	1	1	3	1	3	3	2	3	2
109	대구광역시	청소년활동의센터 민간위탁 운영	7	379,050	4	4	1	3	1	1	1	1	3	3	2	3	2
110	대구 동구	청소년지도사 배치지원	2	25,584	5	1	6	3	6	5	1	1	4	2	1	4	4
111	대구 동구	청소년지도사 배치지원	2	25,584	5	1	6	3	6	5	1	1	4	2	1	4	4
112	대구 동구	청소년수련시설 운영	2	272,566	4	1,4	6	3	6	1	1	1	4	2	1	4	4
113	대구 동구	청소년수련시설 운영	2	120,000	4	1,4	6	3	6	1	1	1	4	2	1	4	4
114	대구 동구	청소년어울림마당	2	3,600	6	1	6	3	6	1	1	1	4	2	1	4	4
115	대구 동구	청소년어울림마당	2	3,600	6	1	6	3	6	1	1	1	4	2	1	4	4
116	대구 동구	지역청소년운영기구 운영	2	2,000	6	1	6	3	6	1	1	1	4	2	1	4	4
117	대구 동구	지역청소년운영기구 운영	2	2,000	6	1	6	3	6	1	1	1	4	2	1	4	4
118	대구 동구	지역청소년육기구 운영(청소년어울림) 운영	2	2,800	6	1,4	6	3	6	5	1	1	4	2	1	4	4
119	대구 동구	청소년과학아카데미 운영	2	189,248	6	4	6	3	6	1	1	1	4	2	1	4	4
120	대구 동구	청소년과학아카데미 운영	2	129,118	6	4	6	3	6	1	1	1	4	2	1	4	4
121	대구 동구	청소년수련관 운영	1	612,271	4	1,2,4	6	3	7	1	5	1	4	3	3	4	4
122	대구 동구	청소년문화의집	1,2	4,000	3	5	7	8	7	5	5	4	3	5	4	3	3
123	대구도시 청소년교류 문화체험		1	7,000	3	5	7	8	7	5	5	4	5	5	4	3	3
124	대구 동구	지역청소년개발센터신규프로그램운영	1	10,000	1	5	7	8	7	5	5	4	5	5	4	4	4
125	대구 동구	청소년어울림마당	1	24,000	8	1,4	7	8	1	5	5	4	2	4	4	4	4
126	대구 수성구	청소년수련관 운영지원	1	550,000	4	1,4	5	5	1	1	1	1	2	4	4	4	4
127	대구 수성구	청소년문화의집 운영지원	2	530,000	4	1,4	7	3	1	1	1	4	5	5	4	4	4
128	대구 수성구	청소년수련원 운영지원	3	500,000	4	1	7	3	1	1	1	4	5	5	4	4	4
129	지역청소년육기구 운영(청소년수련관)		1,2,3	6,000	4	4	7	8	7	1	1	4	5	4	3	3	3
130	지역청소년육기구 운영(청소년문화의집)		2	2,800	6	2	7	8	7	1	1	1	3	3	3	3	3
131	대구 수성구	청소년 방과후 아카데미 운영(청소년수련관)	1	185,774	4	2	7	8	7	1	1	4	4	3	3	3	3
132	대구 수성구	청소년 방과후 아카데미 운영(청소년문화의집)	2	185,774	4	6	7	8	7	1	1	4	4	3	4	4	4
133	대구 수성구	청소년 주도형 프로젝트 지원사업 운영(청소년예술)	2	20,000	6	1	7	8	7	1	1	4	2	4	3	4	4
134	대구 수성구		1,2,3	184,212	4	1,4	5	5	1	2	1	1	2	3	3	4	4
135	대구 달서구	청소년지도사 배치지원	1	550,000	4	1,4	5	5	1	1	1	4	5	4	4	4	4
136	대구 달서구	청소년문화의집 운영	2	410,000	4	5	6	3	7	1	1	1	2	3	3	4	4
137	대구 달서구	청소년문화체험단 운영	1	20,000	4	5	7	5	7	1	1	4	5	5	4	4	4
138	대구 달서구	청소년센터 운영	1	50,000	4	5	7	5	7	1	1	4	5	5	4	4	4
139	대구 달서구	청소년 성범죄예방 운외 교육	1	12,650	4	4	7	8	7	1	1	4	3	2	3	3	4
140	대구 달서구	청소년센터 운영	1	1,856,912	4	1	7	8	7	1	1	4	5	5	4	4	4
141	대구 달성군	청소년지도사 배치지원	2	807,624	4	4	7	5	7	2	1	4	2	4	4	4	4
142	대구 달성군	청소년문화의집 운영	2	190,510	4	5	7	8	7	1	1	4	5	4	3	4	4
143	대구 달성군	청소년과학아카데미 운영(농산어촌)	2	190,510	4	5	7	8	7	1	1	4	5	4	4	4	4
144	대구 달성군	청소년방과후아카데미 운영(다문화)	1	170,344	4	2	7	8	7	1	1	4	5	4	4	4	4

순번	시도구	지별명(사업명)	청소년 수련시설 분류	2025년예산 (단위:천원/1년)	민간이전 분류 (지방자치단체 세출예산 업무편성과목 의거)	민간이전자금 근거 (지방보조금 관리기준 등1)	계약결정방식 (경쟁방식)	계약기간	낙찰자선정방식	운영선정	운영예산 산정	성과평가 실시여부	성과평가 추기	성과평가 실시 방법	평가기준 적용방법	실제 인센티브 패널티 적용 유무	인센티브 및 패널티 부여근거
145	대구 달성군	청소년지도사 배치지원	1	26,316	4	2	7	8	7	1	1	4	5	5	4	4	4
146	대구 달성군	청소년지도사 배치지원	2	26,316	4	2	7	8	7	1	1	4	5	5	4	4	4
147	대구 달성군	청소년지도사 배치 추가지원	1	78,948	4	6	7	8	7	1	1	4	5	5	4	4	4
148	대구 달성군	청소년수련시설 프로그램 운영 지원	1	4,500	4	5	7	8	7	1	1	4	5	5	4	4	4
149	대구 달성군	청소년수련시설 프로그램 운영 지원	2	2,520	4	5	7	8	7	1	1	4	5	5	4	4	4
150	대구 달성군	청소년문화의집 운영	1	2,000	4	1	7	8	7	1	1	4	5	5	4	4	4
151	대구 달성군	청소년문화의집 운영	2	2,000	4	1	7	8	7	1	1	4	5	5	4	4	4
152	대구 달성군	청소년영화제 운영	1	2,800	4	1	7	8	7	1	1	4	5	5	4	4	4
153	대구 달성군	청소년어울림마당 운영	1	10,000	4	5	7	8	7	1	1	4	5	5	4	4	4
154	대구 달성군	청소년어울림마당 운영	2	5,000	4	5	7	8	7	1	1	4	5	5	4	4	4
155	대구 군위군	청소년수련관운영	3	476,000	4	4	6	5	6	2	1	2	2	4	3	3	4
156	인천광역시	청소년수련관 위탁운영	1	6,209,003	8	8	4	1	7	1	1	1	1	5	4	4	4
157	인천 중구	동구청소년수련관 운영	1	965,148	8	8	7	8	7	1	1	4	5	5	4	4	4
158	인천 중구	청소년수련시설 운영	1	943,358	4	4	1	3	1	1	1	1	3	1	1	3	1
159	인천 중구	청소년창작소(청소년특성공간) 운영	7	332,539	4	4	1	3	1	1	1	3	3	1	1	3	1
160	인천 미추홀구	청소년수련관 운영	1	1,072,290	4	4	6	3	6	1	1	3	3	1	3	4	4
161	인천 연수구	청소년수련관 운영	1	982,245	4	4	6	3	6	1	1	4	5	5	4	4	4
162	인천 연수구	청소년회의 운영	2	772,605	4	4	6	3	6	1	1	4	5	5	4	4	4
163	인천 연수구	북동청소년센터운영지원	2	396,281	5	1,4	7	8	7	1	3	1	5	1	1	1	4
164	인천 연수구	청소년문화의집 운영지원	1	47,600	6	1	7	8	7	1	3	1	5	1	1	1	4
165	인천 연수구	청소년활동지원사업	2	251,089	6	4	7	8	7	1	1	1	1	1	1	4	4
166	인천 연수구	청소년미래정책체험 지원	2	6,000	6	8	7	3	7	1	1	1	1	1	1	4	4
167	인천 동구	청소년축제	2	26,000	4	4	7	8	7	1	1	1	1	1	1	4	3
168	인천 동구	청소년수련관 운영	1	1,799,024	8	1,4	5	2	7	3	1	1	1	1	1	4	3
169	인천 동구	청소년회의센터 운영	2	754,825	8	1,4	5	2	7	3	1	1	1	1	1	4	3
170	인천 동구	청소년수련시설 운영지원	1	258,673	8	4	7	8	7	1	1	3	5	5	2	2	4
171	인천 동구	청소년시설 운영 위탁금	2	227,305	8	1	7	8	7	1	1	3	5	5	2	2	4
172	인천 동구	서구청소년센터 운영	1	1,326,175	8	1	5	5	7	1	1	1	1	1	1	4	4
173	인천 동구	가좌청소년센터 운영	2	242,469	8	1	5	5	7	1	1	1	1	1	2	4	4
174	인천 동구	검단청소년센터 운영	2	136,574	8	1	5	5	7	1	1	1	1	1	2	4	4
175	인천 동구	연희청소년센터 운영	2	178,135	8	1	5	5	7	1	1	1	1	1	2	4	4
176	인천 부평구	청소년지도사 배치지원	1,2	117,200	8	2	7	8	7	1	1	1	1	1	3	4	4
177	인천 부평구	청소년회의 운영	1	194,474	8	2	7	8	7	1	1	3	1	2	2	4	3
178	인천 계양구	공공청소년수련시설 프로그램 운영지원	1,2	24,000	8	6	4	5	7	1	1	3	1	2	3	4	3
179	인천 강화군	청소년수련시설	1	461,848	8	1	4	5	7	1	1	4	5	5	4	4	4
180	인천 강화군	청소년수련시설	2	535,162	8	1	4	5	7	1	1	4	5	5	4	4	4
181	인천 옹진군	청소년 문화의 집 운영 지원	2	304,000	4	4	4,6	5	6	1	1	4	5	5	4	4	4

순번	시군구	자원(시)(사업명)	청소년 수련시설 분류 1. 청소년수련관 2. 청소년문화의집 3. 청소년수련원 4. 청소년야영장 5. 유스호스텔 6. 청소년특화시설 7. 청소년복지시설 8. 기타 (시설명)	2025년예산 (단위:천원/1년간)	민간이전 분류 (지방자치단체 세출예산 집행기준에 의거) 1. 민간경상사업보조(307-02) 2. 민간단체 법정운영비보조(307-03) 3. 민간행사사업보조(307-04) 4. 민간위탁금(307-05) 5. 사회복지시설 법정운영비보조(307-10) 6. 사회복지사업보조(307-11) 7. 민간위탁교육비(307-12) 8. 공기관등에대한경상보조사업비(308-13) 9. 출자출연 경상전출금(309-01)	민간이전자출 근거 (지방보조금 관리기준 참고) 1. 법률규정 2. 인건비조제비(국가지침) 3. 용도 지정 기부금 4. 조례규정 5. 지자체가 권장하는 사업 등 6. 시도정책 및 지행사항 7. 기타 8. 해당없음	계약방법(경쟁방법) 1. 일반경쟁 2. 제한경쟁 3. 지명경쟁 4. 수의계약 5. 민간계약 6. 기타 () 7. 해당없음	계약기간 1. 1년 2. 2년 3. 3년 4. 4년 5. 5년 6. 기타 (1년) 7. 단기계약 8. 해당없음	낙찰자선정방법 1. 적격심사 2. 협상에의한계약 3. 최저가격계약 4. 규격가격분리 5. 2단계 경쟁입찰 6. 기타 () 7. 해당없음	운영비산정 1. 내부산정(지자체 자체계산으로 산정) 2. 외부산정(외부전문기관위탁 산정) 3. 내외부 모두 산정 4. 산정 無 5. 해당없음	정산방법 1. 내부정산(지자체 내부계획으로 정산) 2. 외부정산(외부전문기관위탁 정산) 3. 내외부 모두 산정 4. 정산 無 5. 해당없음	성과평가 실시여부 1. 실시 2. 미실시 3. 향후 추진 4. 해당없음	성과평가 주기 1. 매반 2. 격년 3. 기간반복 4. 기타 () 5. 해당없음	성과평가 실시 방법 1. 자체 실시 2. 평가단 구성 후 실시(전문위원 등) 3. 전문 평가기관 의뢰 4. 기타 () 5. 해당없음	평가기관 적용방법 1. 관련 조례 적용 2. 전문 평가기관 의뢰 3. 기타 () 4. 해당없음	실적 인센티브 및 패널티 적용 유무 1. 예산 적용 2. 적용 안됨 3. 기타 () 4. 해당없음	인센티브 및 패널티 적용근거 1. 조례 2. 계약서 3. 기타 () 4. 해당없음
182	광주광역시	시 청소년심리지원센터	7	2,065,000	4	4	6	3	6	1	3	1	3	1	2	1	3	3
183	광주광역시	시 청소년문화의집운영	3	976,000	4	4	6	3	6	1	3	1	3	1	2	1	3	3
184	광주광역시	사)광주청소년문화의집 운영 민간위탁	2	393,000	4	4	6	3	6	1	3	1	3	1	2	1	3	3
185	광주광역시	사)동양청소년문화의집 운영 민간위탁	2	422,000	4	4	6	3	6	1	3	1	3	1	2	1	3	3
186	광주광역시	사)광청청소년문화의집 운영 민간위탁	2	385,000	4	4	6	3	6	1	3	1	3	1	2	1	3	3
187	광주광역시	사)동구청소년문화의집 운영 민간위탁	2	399,000	4	4	6	3	6	1	3	1	3	1	2	1	3	3
188	광주광역시	사북청소년문화의집운영	2	390,000	4	4	6	3	6	1	3	1	3	1	2	1	3	3
189	광주광역시	사)엘파청소년문화의집운영	2	411,000	4	4	6	3	6	1	3	1	3	1	2	1	3	3
190	광주 동구	청소년문화의 집 운영지원 사업	1	210,000	4	4	6	3	6	1	3	1	3	1	1	3	3	3
191	광주 동구	청소년문화의집 운영지원	2	234,000	4	4	6	3	6	1	3	1	3	1	2	3	3	3
192	광주 서구	서구청소년문화의 집 운영	1	255,097	4	4	6	3	6	1	3	1	3	1	2	3	3	3
193	광주 서구	사)청소년문화의집 운영 민간위탁	2	277,372	4	4	6	3	6	1	3	1	3	1	2	3	3	4
194	광주 북구	방촌청소년문화의집 운영 민간위탁	2	281,814	4	4	6	2	6	1	3	1	3	1	2	3	4	4
195	광주 북구	수퍼프로그램 운영 및 활성화 지원	1	430,000	4	4	5	3	1	1	3	3	3	3	1	1	4	4
196	광주 북구	청소년수련관운영	1	256,260	4	1,4	1.5	5	6	1	3	3	3	1	2	1	1	2
197	광주 광산구	청소년수련관 운영지원	1	304,913	4	1	6	2	6	1	3	1	3	1	1	1	1	2
198	광주 광산구	송정다가치소년문화의집 운영지원	2	338,000	4	4	6	3	6	1	3	1	3	1	1	1	3	2
199	광주 광산구	행복청소년문화의집 운영위탁	1	2,068,513	4	1	3	3	1	1	3	1	3	1	1	1	1	3
200	대전광역시	청소년수련원 운영지원	3	991,589	4	4	5	3	6	1	3	1	3	1	1	1	3	3
201	대전광역시	청소년수련원 운영지원	1	1,439,659	4	4	5	3	6	1	3	1	3	1	1	1	4	4
202	대전 동구	청소년 민간위탁 운영지원	3	300,000	4	1	1	3	1	1	3	3	3	3	1	3	2	4
203	대전 서구	청소년시설 운영	2	69,736	4	6	1	3	6	1	3	1	3	1	1	1	3	4
204	대전 서구	청소년과복합아카데미 운영	1	437,439	4	7	8	7	7	1	1	4	5	3	4	1	2	4
205	대전 유성구	청소년시설운영	2	1,263,360	4	7	3	7	7	1	1	2	5	1	4	1	4	4
206	대전 대덕구	청소년시설운영	2	222,898	4	7	3	7	7	1	1	2	5	1	4	1	4	4
207	대전 대덕구	청소년시설운영	2	348,000	4	7	3	7	7	1	1	4	5	1	4	1	4	4
208	대전 대덕구	청소년센터 운영지원	1	747,000	4	7	3	7	7	1	1	4	5	1	4	1	4	4
209	대전 대덕구	청소년운영위원회 운영지원	2	105,500	4	5	3	7	7	1	1	4	5	1	4	1	4	4
210	대전 중구	청소년센터 운영	1	567,366	4	7	3	7	7	1	1	4	5	1	4	1	4	4
211	울산 중구	지역청소년 참여기구 운영	2	185,774	4	6	1	7	7	1	1	4	5	1	4	1	4	4
212	울산 중구	청소년방과후아카데미 운영	2	52,632	4	7	3	7	7	1	1	4	5	1	4	1	4	4
213	울산 중구	청소년지도자 워크샵	2	19,000	4	7	1	7	7	1	1	4	5	1	4	1	4	4
214	울산 중구	청소년센터 프로그램 운영지원	2	4,000	1	7	1	7	7	1	1	4	5	1	4	1	4	4
215	울산 중구	청소년운영위원회 운영지원	2	2,800	1	7	3	7	7	1	1	4	5	1	4	1	4	4
216	울산 중구	청소년동아리 지원	2	3,300	1	7	1	7	7	1	1	4	5	1	4	1	4	4
217	울산 중구	청소년어울마당 지원	2	7,200	1	7	3	7	7	1	1	4	5	1	4	1	4	4
218	울산 중구	청소년의 날 행사	2	20,000	1	7	3	7	7	1	1	4	5	1	4	1	4	4

순번	시군구	지출명(사업명)	청소년 수련시설 분류 (1.청소년수련관 2.청소년문화의집 3.청소년수련원 4.청소년야영장 5.유스호스텔 6.청소년특화시설 7.청소년특화시설 8.기타(시설명))	2025년예산 (단위:천원 /1년간)	민간위탁 근거 (지방자치단체 세출예산 집행기준에 의거)	민간위탁자 근거 (지방보조금 관리기준 참고) (1.법률에 규정 2.국고보조 재원(국가지침) 3.용도 지정 기부금 4.조례에 정한규정 5.지자체가 권장하는 사업을 하는 공공기관 6.시.도 정책 및 계통사업 7.기타 8.해당없음)	계약체결방식 (경쟁등) (1.일반경쟁 2.제한경쟁 3.지명경쟁 4.수의계약 5.협약체결 6.기타() 7.해당없음)	계약기간 (1.1년 2.2년 3.3년 4.4년 5.5년 6.기타(1년) 7.단기계약(1년이내) 8.해당없음)	내부자선정방식 (1.적격심사 2.협상에의한계약 3.최저가낙찰제 4.규격가격분리 5.2단계경쟁입찰 6.기타() 7.해당없음)	운영선정방식 (1.내부선정 2.외부선정 3.내.외부 모두 선정 4.신청 不 5.해당없음)	정산방식 (1.내부정산 (지자체 내부로 정산) 2.외부정산 (외부전문기관에 정산) 3.내.외부 모두 선정 4.정산 不 5.해당없음)	성과평가 실시여부 (1.실시 2.미실시 3.향후 추진 4.해당없음)	성과평가 주기 (1.매년 2.격년 3.기간만료전 4.기타() 5.해당없음)	성과평가 실시 방법 (1.자체 실시 2.평가단 구성 후 실시 (전문위원 섭외) 3.전문 평가기관 의뢰 4.기타() 5.해당없음)	평가기준 적용방법 (1.관련 조례 적용 2.전문 평가기관 의뢰 3.기타() 4.해당없음)	실제 인력 및 채용 적용 유무 (1.매년 적용 2.자율 적용 3.기타() 4.해당없음)	인력배치 및 매뉴얼 적용근거 (1.조례 2.계약서 3.기타() 4.해당없음)
219	울산자치구	청소년 문화의 집 운영	2	360,984		1	6	3	6	1	1	1	4	3	4	3	4
220	울산자치구	청소년 문화의 집 운영	2	460,951	4	1	6	3	6	1	1	1	4	3	4	3	4
221	울산자치구	청소년 자유톡톡 운영	1	748,633	4	1	6	3	6	1	1	1	4	3	4	3	4
222	울산 동구	청소년 시설 운영	2	1,372,000	4	1	1	1	1	4	1	4	4	4	4	4	4
223	울산 북구	북구청소년문화의집 운영·본관	2	506,545	4	1	1	3	1	1	4	4	4	4	4	4	4
224	울산 북구	농서매주 운영(북구.본관)	2	95,822	4	1	1	3	1	1	4	4	4	4	4	4	4
225	울산 북구	송정출골 운영(북구.분관)	2	85,043	4	1	1	3	1	1	4	4	4	1	4	4	4
226	울산 북구	이화진 청소년 창작센터	2	323,228	.	1	1	3	1	1	3	4	4	2	1	4	3
227	울산울주군	서부청소년수련관운영	1	2,948,276	9	8	6	2	7	3	3	1	4	4	2	1	3
228	울산울주군	중부청소년수련관운영	1	994,181	9	1	6	2	7	3	3	1	4	4	2	1	3
229	울산울주군	남부청소년수련관운영	1	2,770,770	9	1	6	2	7	3	3	1	4	4	2	1	3
230	수원특례시	청소년참여활동 운영	1	2,800	8	5	7	7	7	1	4	4	4	4	3	4	4
231	수원특례시	청소년동아리 인큐베이터	1	25,490	8	5	7	7	7	1	4	1	4	1	1	4	4
232	수원특례시	청소년 동아리활동 지원	1	40,000	8	5	7	7	7	1	4	1	4	1	1	4	4
233	수원특례시	공공형청소년수련시설 청소년지도사 배치	1	192,770	8	5	7	7	7	3	5	4	4	1	4	4	4
234	수원특례시	청소년지도사 배치(지원법,관할)	2	386,048	8	6	7	7	7	3	5	5	4	4	4	4	4
235	수원특례시	청소년 어울림 활동 지원	1	36,000	8	6	7	7	7	3	5	5	5	4	4	4	4
236	수원특례시	청소년 해외글로벌사업 운영	1,2	583,422	6	2	5	7	7	5	5	5	5	4	2	4	4
237	수원특례시	청소년 종합예술제	1	17,500	6	6	7	7	7	5	5	5	5	1	1	1	4
238	수원특례시	청소년지도사 배치지원	1,2	105,264	4	4	1	1	1	4	4	1	1	3	3	3	4
239	수원특례시	청소년지도사 배치지원(법.관할)	2	37,500	4	4	5	8	7	1	4	4	4	4	4	4	4
240	경기 안양시	청소년 특화시설 지원	1	842,520	8	6	7	8	7	1	4	4	5	4	4	4	4
241	경기 부천시	코리올청소년심상(본부사업)주지원사업	1	1,320,806	8	6	7	8	7	1	4	4	5	4	3	4	4
242	경기 부천시	청소년수련시설 청소년지도사 지원	1	229,398	4	2	5	3	7	1	4	4	4	1	3	4	4
243	경기 광명시	청소년 방과후 아카데미 운영지원	1,2	391,920	8	6	5	3	5	1	4	4	4	1	4	4	4
244	경기 광명시	청소년 방과후 아카데미 급식비 지원	1,2	30,510	8	6	5	3	5	1	4	4	4	1	2	4	4
245	경기 광명시	청소년도시 배치지원	1,2	156,432	8	2	5	3	5	1	4	4	4	1	4	4	4
246	경기 광명시	청소년 동아리 지원	1,2	22,000	8	1	5	3	5	1	4	4	4	1	4	4	4
247	경기 광명시	청소년 동아리 예술한마	1,2	80,000	8	1	5	3	5	1	4	4	4	1	4	4	4
248	경기 광명시	광명시 자치조직연합 활동비	1	30,000	8	1	7	8	7	1	4	4	5	1	3	3	3
249	경기 광명시	청소년방과후아카데미 운영(국비)	1	234,672	8	5	7	8	7	1	4	4	5	1	3	3	3
250	경기 광명시	청소년방과후아카데미 운영 추가지원	1	7,644	8	5	7	8	7	1	4	4	5	1	3	3	3
251	경기 광명시	청소년문화센터 활동지원	1	239,007	8	5	7	8	7	1	4	4	5	1	3	3	3
252	경기 광명시	정타광티 진로체험 활동 지원	1	53,550	8	5	7	8	7	1	4	4	5	1	3	3	3

- 7 -

순번	시・군・구	지출명(사업명)	청소년 수련시설 분류	2023년예산 (단위:천원/1년간)	민간이전 분류	민간이전지원 근거	계약체결방법	계약기간	낙찰자선정방법	운영신청	정산방법	성과평가 실시여부	성과평가 주기	성과평가 실시 방법	평가기준 적용법	실적 인센티브 적용 유무	인센티브 및 페널티 적용근거
256	경기 광명시	지역청소년위원회 운영	1	7,200	8	5	7	8	7	1	1	1	1	3	3	3	3
257	경기 광명시	청소년 글로벌 인재 육성 지원	1	55,500	8	5	7	8	7	1	1	1	1	3	3	3	3
258	경기 광명시	청소년 문화축제 운영	1,2	60,000	9	5	7	8	7	1	1	1	1	3	3	3	3
259	경기 광명시	꿈의 오케스트라 육성	1	90,950	8	5	7	8	7	1	1	1	1	3	3	3	3
260	경기 광명시	청소년노동인권보호사업	1	21,000	8	5	7	8	7	1	1	1	1	3	3	3	3
261	경기 광명시	학교 밖 청소년 지원사업(국비)	1	158,510	8	2	7	8	7	1	1	1	1	3	3	3	3
262	경기 광명시	학교 밖 청소년 급식 지원(국비)	1	24,688	8	2	7	8	7	1	1	1	1	3	3	3	3
263	경기 광명시	학교 밖 청소년 맞춤형 급식 지원(도비)	1	241,823	8	2	7	8	7	1	1	1	1	3	3	3	3
264	경기 광명시	원행 청소년문화의 집 운영	2	202,111	4	4	5	8	7	1	1	1	1	3	3	3	3
265	경기 광명시	서형청소년문화의 집 운영	2	203,428	4	4	5	8	7	1	1	1	1	3	3	3	3
266	경기 광명시	공공청소년수련시설 청소년지도사 배치지원(국비)	1,2	169,293	4	2	5	8	7	1	1	1	1	3	3	3	3
267	경기 광명시	청소년문화의집	1,2	12,000	4	1	5	8	7	1	1	1	1	3	3	3	3
268	경기 광명시	청소년문화의집 특화사업	2	25,000	6	4	5	5	7	1	1	1	1	3	3	3	3
269	경기 광명시	중학생체험교육	1	50,000	8	5	7	5	7	1	1	1	1	3	3	3	3
270	경기 안산시	대학생 발달장애 청소년 학습 전문	8	150,000	8	4	5	5	7	1	1	1	1	3	3	3	3
271	경기 안산시	청소년 진로체험지원센터 운영지원	1	50,000	8	4	5	5	7	1	1	1	1	3	3	3	3
272	경기 안산시	청소년방과후아카데미 운영지원	1,2	583,422	8	4	5	5	7	1	1	1	2	3	3	3	3
273	경기 안산시	청소년운영위원회 운영	1,2	8,000	8	2	5	8	7	1	1	1	2	2	2	2	2
274	경기 안산시	청소년지도자 복지지원	1,2	175,540	8	1	5	8	7	1	1	1	2	2	2	2	2
275	경기 안산시	청소년참여 지원사업	2	100,000	8	1	5	8	7	1	1	2	2	2	2	2	2
276	경기 안산시	진로체험지원센터 운영지원	8	130,000	8	4	7	8	7	1	1	4	4	4	4	4	4
277	경기 안산시	공가족 자율동아리 운영지원	8	50,000	8	4	7	8	7	4	4	4	4	4	4	4	4
278	경기 안산시	청소년문화의집 운영	8	16,000	8	4	7	8	7	4	4	4	4	4	4	4	4
279	경기 안산시	청소년어울림마당	1	24,000	8	4	6	8	7	4	4	4	4	4	4	4	4
280	경기 안산시	청소년동아리 지원	1	20,000	8	4	6	8	7	1	1	4	4	4	4	4	4
281	경기 안산시	청소년지도사 배치 지원(공립 청소년수련시설)	1,2	131,600	8	2	6	8	7	1	1	4	4	4	4	4	4
282	경기 안산시	청소년과후 아카데미 운영	1,2	574,722	4	4	6	3	7	1	1	4	4	4	4	3	3
283	경기 안산시	청소년방과후 참여기구 운영(청소년운영위원회)	1	2,800	8	4	6	1	7	1	1	1	2	2	2	2	2
284	경기 안산시	지역청소년 참여기구 운영(청소년참여위원회)	1,2	4,000	8	5	6	1	7	1	1	2	5	4	4	4	4
285	경기 고양특례시	청소년어울림마당	1	24,000	8	4	6	8	7	1	1	4	5	4	4	4	4
286	경기 고양특례시	청소년동아리 지원	2	48,000	8	4	5	8	7	1	1	4	5	4	4	4	4
287	경기 고양특례시	체육활동 및 청소년관리 운영	1	1,050,287	8	1	5	8	7	1	1	4	5	4	4	4	4
288	경기 과천시	영어캠프 위탁운영	1	996,523	4	4	6	3	7	1	1	1	2	3	3	1	2
289	경기 과천시	청소년어울림마당 지원	1	64,000	8	5	6	1	7	1	1	2	5	4	4	4	4
290	경기 구리시	청소년동아리활동 지원	1	19,000	8	5	6	1	7	1	1	2	5	4	4	4	4
291	경기 구리시	지역청소년참여위원회 운영 지원	1	2,800	8	5	6	1	7	1	1	2	5	4	4	4	4
292	경기 구리시	청소년운영위원회 운영 지원	1	4,000	8	5	6	1	7	1	1	2	5	4	4	4	4

순번	시군구	지원명(사업명)	청소년 수혜시설 분류 (1.청소년수련관 2.청소년문화의집 3.청소년수련원 4.청소년야영장 5.유스호스텔 6.스포츠시설 7.청소년문화시설 8.기타(시설명))	2025년예산 (단위:천원/1년간)	민간위탁 분류 (지방자치단체 세출예산 집행기준에 의거)	인간이전자업 근거 (지방보조금 관리기준 참조) (1.법적이 규정 2.국고보조 지원(국가지침) 3.용도 지정 지원 4.조례에 직접규정 5.지자체가 권장하는 사업을 하는 공공기관 6.시·도 정책 및 계획사항 7.기타 8.해당없음)	계약체결방법 (경쟁력) (1.일반경쟁 2.제한경쟁 3.지명경쟁 4.수의계약 5.민간위탁 6.기타() 7.해당없음)	계약기간 (1.1년 2.2년 3.3년 4.4년 5.5년 6.기타()년 7.단기계약 (1년미만) 8.해당없음)	낙찰자선정방법 (1.적격심사 2.협상에의한계약 3.최저가낙찰제 4.규격가격분리 5.2단계 경쟁입찰 6.기타() 7.해당없음)	운영예산 편성 운영산정 (1.내부산정 (자체 자체료로 산정) 2.외부산정 (외부전문기관위탁 산정) 3.내외부 모두 산정 4.신청액 5.해당없음)	운영예산 편성 정산방법 (1.내부정산 (자체 내부회계로 정산) 2.외부정산 (외부전문기관위탁 정산) 3.내외부 모두 정산 4.정산 無 5.해당없음)	성과평가 성과평가 실시여부 (1.실시 2.미실시 3.향후 추진 4.해당없음)	성과평가 성과평가 주기 (1.매년 2.격년 3.기간한정 4.기타() 5.해당없음)	성과평가 성과평가 실시 방법 (1.자체 실시 2.평가단 구성 후 실시 (전문위원 섭외) 3.전문 평가기관 위탁 4.기타() 5.해당없음)	평가결과 적용 평가기준 적용방법 (1.평문 조례 적용 2.전문 평가기관 의뢰 3.기타() 4.해당없음)	평가결과 적용 실제 인센티브 및 패널티 적용 유무 (1.예산 적용 2.지원 인정 3.기타() 4.해당없음)	평가결과 적용 인센티브 및 패널티 적용근거 (1.조례 2.계약서 3.기타() 4.해당없음)
293	경기 구리시	청소년지도사 배치지원	1	29,164	8	5	6	1	7	1	1	2	5	5	4	4	4	4
294	경기 구리시	청소년방과후아카데미 운영	1	125,692	8	5	6	1	7	1	1	2	5	5	4	4	4	4
295	경기 구리시	청소년종합예술제	1	17,500	8	5	6	1	7	1	1	2	5	5	4	4	4	4
296	경기 구리시	청소년 육성 프로그램 운영지원	2	30,000	8	5	6	1	7	1	1	2	5	5	4	4	4	4
297	경기 구리시	청소년 가족사랑 프로그램 운영	2	7,000	8	5	6	1	7	1	1	2	5	5	4	4	4	4
298	경기 구리시	국제 청소년 교류 사업	1	44,000	8	5	6	1	7	1	1	2	5	5	4	4	4	4
299	경기 구리시	진행동시 청소년 구리시 홈스테이	2	32,000	8	5	6	1	7	1	1	2	5	5	4	4	4	4
300	경기 광주시	청소년시설 청소년수련관(광주시청소년수련관)	1	4,281,803	8	1	4	5	7	1	2	2	5	5	4	4	4	4
301	경기 광주시	청소년시설 청소년문화의집(퇴촌문화의집)	5	1,954,225	8	4	4	5	7	1	2	2	5	5	4	4	4	4
302	경기 광주시	청소년시설 청소년문화의집(진전)	2	1,257,866	8	4	4	5	7	1	2	2	5	5	4	4	4	4
303	경기 광주시	청소년시설 청소년문화의집(도척)	8	392,846	8	4	4	5	7	1	2	2	5	5	4	4	4	4
304	경기 광주시	청소년시설 청소년문화의집(곤지암)	8	238,524	8	4	4	5	7	1	2	2	5	5	4	4	4	4
305	경기 광주시	청소년시설 청소년문화의집(다산)	8	544,404	8	4	4	5	7	1	2	2	5	5	4	4	4	4
306	경기 광주시	청소년시설 청소년문화의집(오포)	8	436,423	4	4	4	5	7	1	2	2	5	5	4	4	4	4
307	경기 오산시	청소년문화의집 운영 지원	2	294,911	4	4	6	5	7	1	1	2	5	5	4	4	1	4
308	경기 오산시	청소년문화의집 운영 지원	2	308,803	4	4	6	5	7	1	1	2	5	5	4	1	1	4
309	경기 오산시	청소년문화의집 운영 지원	2	453,161	4	4	6	5	7	1	1	2	5	5	1	1	1	3
310	경기 군포시	청소년시설 사업 운영	1,2,8	2,170,240	8	4	7	8	7	5	5	1	1	3	2	1	4	4
311	경기 군포시	미디어	1	313,188	8	1	7	8	3	5	5	4	5	5	4	4	4	4
312	경기 군포시	청소년시설사회지원	1,2	85,032	8	1	7	8	3	5	5	4	5	5	4	4	4	4
313	경기 군포시	청소년지도사인건비	1,2	2,800	4	1	7	8	3	5	5	4	5	5	4	4	4	4
314	경기 군포시	청소년문화유산	1	17,500	8	1	7	8	3	5	5	4	5	5	4	4	4	4
315	경기 군포시	청소년어울림마당	1	74,000	8	1	7	8	3	5	5	4	5	5	4	4	4	4
316	경기 군포시	청소년어울림 지원	1	80,000	8	5	5	8	7	1	1	4	5	5	4	4	4	4
317	경기 군포시	토론활동기관 운영	1,2	13,000	1	6	5	8	7	5	5	4	5	5	4	4	4	4
318	경기 군포시	지역사회 프로그램	1,2	5,957,624	8	5	5	8	7	5	5	1	3	3	3	1	1	3
319	경기 김포시	김포시청소년재단 운영지원	1	3,535,823	4	5	1	3	1	5	5	3	3	3	3	4	4	4
320	경기 김포시	청소년지원활동	8	388,312	4	5	1	3	1	5	5	3	3	3	1	4	4	4
321	경기 김포시	청소년문화어울림 지원	2	631,330	4	5	1	3	1	5	5	3	3	1	1	4	4	4
322	경기 김포시	청소년상담복지지원	2	573,815	4	5	1	3	1	5	5	4	5	1	1	4	4	4
323	경기 김포시	청소년어울림마당	1	24,000	6	1	5	8	7	1	1	4	5	5	4	4	4	4
324	경기 동두천시	청소년어울림	1	20,000	6	4	5	8	7	1	1	4	5	5	4	4	4	4
325	경기 동두천시	청소년과후아카데미	1	262,174	6	4	5	8	7	1	2	4	5	5	4	4	4	4
326	경기 동두천시	청소년지도사 배치지원	1	116,654	6	5	5	8	7	1	1	1	3	3	4	4	4	3
327	경기 동두천시	지역청소년수련시설 청소년방영위원회	1	2,800	6	5	5	8	7	1	1	1	1	1	4	4	4	4
328	경기 동두천시	공공청소년수련시설 청소년방영위원회	1	6,000	6	5	5	8	7	1	1	1	1	1	4	4	4	4
329	경기 이천시	청소년지도사 배치지원	1,2	116,653	8	2	7	8	7	5	5	4	5	1	1	4	4	4

- 9 -

순번	시군구	자율(사업명)	청소년 수련시설 분류 1. 청소년수련관 2. 청소년문화의집 3. 청소년수련원 4. 청소년야영장 5. 유스호스텔 6. 스포츠시설 7. 청소년특화시설 8. 기타(시설명)	2025년예산 (단위:천원/1년간)	민간위탁 분류 (지방자치단체 세출예산 집행기준에 의거) 1. 민간경상사업보조(307-02) 2. 민간단체 법정운영비보조(307-03) 3. 민간행사사업보조(307-04) 4. 민간위탁금(307-05) 5. 사회복지시설 법정운영비보조(307-10) 6. 민간위탁사업비(307-11) 7. 민간인위탁교육비(307-12) 8. 공기관등에대한경상위탁사업비(308-13) 9. 공사공단 경상전출금(309-01)	민간위탁을 근거 (지방보조금 관리기준 참고) 1. 법령의 규정 2. 국고보조 재원(국가지정) 3. 용도 지정 기부금 4. 조례에 의한금 5. 지자체가 공모하는 사업용 6. 공공기관 7. 시.도 정책 및 계획사항 8. 해당없음	계약결정방법(경쟁형태) 1. 일반경쟁 2. 제한경쟁 3. 지명경쟁 4. 수의계약 5. 민간위탁 6. 기타() 7. 해당없음	계약기간 1. 2년 2. 2년 3. 3년 4. 4년 5. 5년 6. 기타(년) 7. 단기계약(1년미만) 8. 해당없음	낙찰자선정방법 1. 적격심사 2. 협상에의한계약 3. 최저가낙찰제 4. 규격가격분리 5. 2단계 경쟁입찰 6. 기타() 7. 해당없음	운영비산정 1. 내부산정 2. 외부산정 3. 내.외부 모두 산정 4. 산정無 5. 해당없음	정산방법 1. 내부정산 2. 외부정산 3. 내.외부 모두 정산 4. 정산無 5. 해당없음	성과평가 실시여부 1. 실시 2. 미실시 3. 향후 추진 4. 해당없음	성과평가 주기 1. 매년 2. 격년 3. 기간만료 4. 기타() 5. 해당없음	성과평가 실시 방법 1. 자체 실시 2. 자체 구성 후 실시(전문위원 섭외) 3. 전문 평가기관 의뢰 4. 기타() 5. 해당없음	평가기준 적용방법 1. 관련 조례 적용 2. 전문 평가기관 의뢰 3. 기타() 4. 해당없음	실적 인센티브 페널티 적용 유무 1. 적용 2. 적용 안함 3. 기타 4. 해당없음	인센티브 및 페널티 적용근거 1. 조례 2. 계약서 3. 기타 4. 해당없음
330	경기 이천시	청소년 동아리 어울림마당 운영지원	2	24,000	3	1	7	8	7	5	5	4	5	5	4	4	4
331	경기 이천시	청소년동아리 지원	2	20,000	1	1	7	8	7	5	5	4	5	5	4	4	4
332	경기 이천시	청소년 방과후 아카데미 운영	1,2	841,810	8	2	7	8	7	5	5	3	3	1	1	4	4
333	경기 이천시	청소년수련관 운영	1	840,000	4	4	6	3	6	1	1	4	5	1	4	4	4
334	경기 이천시	청소년문화카페	1	146,821	4	4	7	8	7	5	5	4	5	5	4	4	4
335	경기 이천시	청소년방과후아카데미	1	191,587	4	2	7	8	7	5	5	4	5	5	4	2	4
336	경기 이천시	경기도청소년진흥활동	1	50,000	4	6	7	8	7	1	1	3	3	1	1	4	4
337	경기 성남시	청소년어울림한마당	2	329,586	4	4	7	8	7	5	5	4	5	5	4	4	4
338	경기 성남시	청소년동아리 활동	2	50,000	4	6	6	6	6	1	1	4	5	5	4	4	4
339	경기 성남시	청소년지도자체지원	2	49,782	4	2	7	8	7	1	1	4	5	5	4	4	4
340	경기 성남시	청소년 방과후 아카데미	8	197,816	8	4	7	8	7	1	1	1	1	1	1	4	4
341	경기 김포시	공공청소년수련시설 청소년지도사 배치지원	8	145,820	8	4	7	8	7	1	1	1	1	1	1	4	4
342	경기 김포시	청소년문화의집 운영(예산)	8	17,500	8	4	7	8	6	1	1	1	1	1	1	4	4
343	경기 김포시	청소년어울림 지원	8	13,000	8	4	7	8	6	1	1	1	1	1	1	4	4
344	경기 김포시	청소년 어울림마당 구축	8	24,000	8	4	7	8	6	1	1	1	1	1	1	4	4
345	경기 김포시	청소년방과후 프로그램 운영	8	108,740	8	4	7	8	7	1	1	1	1	1	1	4	4
346	경기 김포시	청소년방과후 아카데미	8	283,932	8	4	7	8	7	1	1	1	1	1	1	4	4
347	경기 김포시	청소년동반자 정규직 전담 지원	8	16,560	8	4	7	8	7	1	1	1	1	1	1	4	4
348	경기 김포시	학교 밖 청소년 지원센터 검도장(운)	8	142,970	8	4	7	8	7	5	5	4	5	5	4	4	4
349	경기 김포시	학교 밖 청소년 지원센터(금사외 지원)	8	27,612	8	4	7	8	7	1	1	1	1	1	1	4	4
350	경기 김포시	학교 밖 청소년 프로그램 운영	8	198,450	8	4	6	3	6	1	1	1	1	1	1	3	4
351	경기 김포시	학교 밖 청소년 운영지원	8	7,000	8	4	6	3	6	1	1	1	1	1	1	4	4
352	경기 김포시	청소년쉼터 운영비	8	360,392	8	4	6	3	6	1	1	1	1	4	3	3	3
353	경기 김포시	청소년쉼터 이동 청소년 종사지원	8	50,000	4	4	1	5	1	1	1	3	4	4	3	4	3
354	경기 김포시	청소년쉼터 노후장비 교체지원	8	3,580	4	4	1	5	1	1	1	3	4	4	3	4	3
355	경기 김포시	유스호스텔 운영지원	5	1,482,891	4	1	7	8	7	5	5	3	5	5	3	4	3
356	경기 광주시	퇴촌청소년문화의집 운영	2	1,469,510	1,4	4	7	8	7	1	1	3	3	1	3	4	4
357	경기 광주시	광주시청소년수련관 운영	1	2,974,804	1,4	4	7	8	7	1	1	3	3	1	3	4	4
358	경기 광주시	회천청소년문화의집 운영 지원	2	422,707	1,4	4	6	3	6	1	1	3	3	1	3	4	4
359	경기 여주시	여주시청소년수련관 운영	1	1,589,000	1,2	4	1	5	1	1	1	3	4	4	3	4	3
360	경기 여주시	청소년쉼터 이동 청소년 종사지원	1	413,000	4	4	1	5	1	1	1	3	4	4	3	4	3
361	경기 여주시	청소년문화의집 운영	2	498,000	4	4	1	5	1	1	1	3	4	4	3	4	3
362	경기 가평군	가평군청소년 노후장비 교체지원	2	640,226	4	4	7	8	7	3	3	3	3	1	3	4	4
363	경기 가평군	설악청소년문화의집 운영	2	456,602	4	4	7	8	7	3	3	3	3	1	3	4	4
364	경기 가평군	조종청소년문화의집 운영	2	676,460	4	4	7	8	7	5	3	3	3	1	1	4	4
365	경기 가평군	가평청소년지원센터 청소년지도사 배치지원	2	18,424	4	1,2	1	3	6	1	1	1	1	1.4	1.3	4	4
366	경기 가평군	청소년동아리 지원	2	12,000	6	1,6	7	8	7	5	3	1	1	1.4	1.3	4	4

순번	시군구	지원(사업)명	청소년수련시설 분류	2023년예산(단위:천원/1년간)	민간위탁 분류 (지방자치단체 사용선언 법령기준에 의거)	민간위탁근거 (지방보조금 관리조례 별표)	계약체결방법 (경쟁형태)	계약기간	낙찰자선정방법	운영사선정	운영예산 선정	성과평가 실시여부	성과평가 주기	성과평가 실시 방법	평가기준 적용여부	실제 인센티브 및 페널티 적용	인센티브 및 페널티 적용근거
367	경기 가평군	가평군 청소년 종합예술제(여성)	2	17,500		1,6	7	8	7	5	3	1	1	1,4	1,3	4	4
368	경기 가평군	경기도 청소년 종합예술제(본선)	2	6,000	4	1,6	7	8	7	1	3	1	1	1	1	4	4
369	경기 가평군	청소년 방과후 아카데미 (운영보조)	2	381,020	4	1,2	7	8	7	5	3	1	1	1,4	1,3	4	4
370	경기 가평군	청소년 방과후 아카데미 운영(자체)	2	243,368	4	1	7	8	7	1	3	1	1	1	1	4	4
371	경기 가평군	수련시설 청소년문화행사 운영지원	2	6,000	4	1	7	8	7	1	3	1	1	1	1	4	4
372	경기 가평군	청소년 참여위원회 운영 지원	2	2,800	4	1	7	8	7	5	3	1	1	1,4	1,3	4	4
373	경기 가평군	청소년 전통무예(국궁) 체험활동 지원	2	10,000	4	1,6	7	8	7	1	3	1	1	1,4	1,3	4	4
374	경기 양평군	청소년어울림마당 지원	2	24,000	4	1,6	7	8	7	5	3	1	1	1	1	4	4
375	경기 양평군	청소년 문화의 집 운영	2	2,245,634	4	4	1	2,3	1	1	5	1	1	1	4	4	4
376	강원 춘천시	강원웰빙청소년지도자연합 위탁운영	3	411,100	4	4	7	8	7	5	3	4	5	5	1	4	4
377	강원 원주시	청소년 동아리 지원	1	623,740	4	4	6	3	1	2	3	1	1	1	1	4	4
378	강원 원주시	청소년수련시설 운영	2	175,400	4	4	6	3	1	2	3	1	1	1	1	4	4
379	강원 원주시	청소년 방과후아카데미 운영(자체)	2	163,930	4	4	6	3	1	2	3	1	1	1	1	4	4
380	강원 원주시	청소년 참여위원회 운영	2	181,400	4	4	7	8	1	3	3	1	1	1	1	4	4
381	강원 원주시	지역청소년참여기구 운영	2	1,400	4	1	7	8	7	3	3	1	1	1	1	4	4
382	강원 태백시	공공수련시설 청소년운영위원회 운영	1,2	3,000	8	1	7	8	7	3	3	1	1	1	1	2	2
383	강원 태백시	청소년 동아리 지원	1,2	3,750	8	1	7	8	7	3	3	1	1	1	1	2	2
384	강원 태백시	청소년 방과후아카데미 운영	2	194,474	8	2	7	8	7	3	3	1	1	1	1	2	2
385	강원 태백시	청소년수련시설 운영(자체)	2	117,235	8	4	7	8	7	3	3	1	1	1	1	2	2
386	강원 태백시	청소년시설 프로그램 지원	1	10,000	8	6	2	8	2	3	3	1	1	2	2	4	4
387	강원 태백시	공공수련시설 청소년지도사 배치	1,2	87,477	8	2	4	5	4	3	3	1	1	2	2	4	4
388	강원 태백시	청소년회의 민간위탁금	2	168,530	4	1,4	7	8	7	3	3	4	5	5	4	4	4
389	강원 속초시	청소년지도자 배치지원	4	26,316	4	2	4	5	4	3	3	1	1	2	2	4	4
390	강원 속초시	청소년수련시설 위탁사업비	1	78,120	8	1,4	7	1	2	3	3	4	5	5	4	4	4
391	강원 속초시	청소년지도사 배치지원	1	29,159	4	2	4	1	2	3	3	1	1	1	1	4	4
392	강원 속초시	청소년수련관 운영(자체)	1	768,520	4	1,4	5	5	6	3	3	1	1	2	2	4	4
393	강원 영월군	청소년문화의집운영(영월재)	2	471,700	4	4	5	5	6	3	3	1	1	2	2	4	4
394	강원 영월군	영월군청소년문화의집 운영사업	2	313,995	4	4	6	3	6	3	3	3	3	1	3	1	1
395	강원 영월군	사계절청소년수련원 운영관리	1	2,504,235	4	4	2	3	1	3	3	1	1	1	1	4	4
396	강원 정선군	사북청소년장학센터 운영관리	2	796,189	4	1,4	2	3	1	3	3	1	1	1	1	4	4
397	강원 정선군	신동청소년회관 운영관리	2	569,536	4	2	2	3	1	3	3	1	1	1	1	4	4
398	강원 정선군	임계청소년회관 운영관리	2	539,183	4	1,4	2	5	1	3	3	1	1	1	1	4	4
399	강원 정선군	정선군청소년복지센터 운영관리	8	234,039	8	6	2	3	1	3	3	1	1	1	1	4	4
400	강원 정선군	청소년인증복지센터 종사자 자녀건강 수당 지원	8	13,800	8	1,4	2	3	1	1	3	1	1	1	1	3	3
401	강원 정선군	지역사회 청소년 안전망 운영	8	138,460	8	6	2	3	1	1	3	1	1	1	1	3	3
402	강원 정선군	청소년동아리 프로그램 운영	8	57,542	8	2	2	3	1	1	3	1	1	1	1	3	3
403	강원 정선군	학교밖청소년지원센터 운영	8	90,721	8	2	2	3	1	1	3	1	1	1	1	3	3

순번	시군구	지역(사업명)	청소년 수련시설 분류	2025년예산 (단위:천원 / 1년)	민간위탁 분류	민간위탁 근거	계약체결방식 (경쟁방법)	계약기간	낙찰자선정방법	운영비산정	정산방법	성과평가 실시여부	성과평가 주기	성과평가 실시 방법	평가기준 작성방법	실적 인센티브 및 패널티 적용 유무	인센티브 및 패널티 적용근거
404	강원 정선군	정선청소년 교류지원 사업	8	6,500	4	2	2	3	1	1	1	1	3	1	1	3	4
405	강원 정선군	학교밖청소년 꿈드림 수당 지원 사업	8	6,000	4	6	2	3	1	1	1	1	3	1	1	3	4
406	강원 정선군	청소년문화이야기 운영	1,2	756,464	6	2	2	3	1	1	1	1	3	1	1	3	4
407	강원 정선군	청소년지도사 배치지원 사업	1,2	106,160	4	2	2	3	1	1	1	1	3	1	1	4	4
408	강원 정선군	청소년 이동쉼터 지원	8	10,000	3	8	7	8	7	4	1	4	5	5	4	4	4
409	강원 고성군	강원특별자치도 청소년계절관리수련장 위탁운영	3	351,221	4	4	6	8	7	5	5	1	5	5	4	4	4
410	강원 청주시	청소년수련관 운영	1	691,770	4	4	6	3	6	1	1	1	3	1	3	4	4
411	강원 청주시	청소년수련관 운영	3	377,420	4	4	6	3	6	1	1	1	3	1	3	4	4
412	강원 청주시	정평청소년문화의 집 운영	2	220,719	4	4	6	3	6	1	1	1	3	1	3	4	4
413	강원 청주시	서청소년문화의 집 운영	2	247,174	4	4	6	3	6	1	1	1	3	1	3	4	4
414	강원 청주시	충주시청소년수련관	3	340,000	4	4	6	5	6	1	1	1	3	2	1	3	4
415	충주시	충주시청소년의 집 운영	2	465,809	4	4	5	5	6	1	1	1	3	2	1	2	4
416	충주시	서충청소년의집	2	357,000	4	4	5	5	6	1	1	1	3	2	1	2	4
417	충주시	제천청소년의집 운영	2	238,360	4	4	5	4	1	1	1	3	1	1	1	2	4
418	충주시	제천청소년센터 운영	1	517,170	8	4	5	3	2	1	1	4	4	4	4	4	2
419	충주시	청주청소년 운영위원회 운영	1	530,422	4	4	1	5	1	1	1	3	4	1	1	4	4
420	충주시	청소년수련관 운영	3	50,000	4	1,4	1	3	1	1	1	3	3	1	1	4	4
421	충주시	청소년수련관 운영	2	204,340	4	1,4	2	3	1	1	1	3	3	1	1	4	4
422	충주시	대소면청소년센터 운영	2	204,340	4	1,4	2	3	1	1	1	3	3	1	1	4	4
423	충주시	청소년수련관 운영	3	180,000	4	1,2	7	8	7	5	5	4	5	5	4	4	4
424	충주시	청소년수련시설 지도자 배치 지원	2	49,550	6	1,2	7	8	7	5	5	4	5	5	4	4	4
425	충주시	청소년수련시설 지도자 배치 지원	2	48,074	6	1,2	7	8	7	5	5	4	5	5	4	4	4
426	충주시	청소년지도자 지우개인지원	2	8,400	6	6	7	8	7	5	5	4	5	5	4	4	4
427	충주시	청소년지도자 지우개인지원	2	4,800	6	6	7	8	7	5	5	4	5	5	4	4	4
428	충주시	청소년지도자 지우개인지원	3	4,800	6	1,2	7	8	7	5	5	4	5	5	4	4	4
429	충주시	청소년과학아카데미	2	230,832	4	4	7	8	1	1	1	1	3	1	4	4	4
430	충주시	청소년문화센터 운영	2	363,393	4	4	7	3	6	1	1	1	3	1	4	4	1,2
431	충주시	청소년 종합청소년 운영	2	249,700	4	4	7	3	6	1	1	1	3	1	4	4	1,2
432	충주시	청소년문화공개 운영	7	87,590	8	1	7	8	1	1	1	1	1	1	1	4	1,2
433	충주시	청소년동아리활동지원금 종사지 차우개선	7	18,750	8	1	7	8	1	3	3	1	1	2	1	4	2
434	충주시	청소년지도사 차우개선	7	12,960	8	1	7	8	1	3	3	1	1	2	1	4	2
435	충주시	청소년과학아카데미지원	2	87,480	8	2	7	8	1	3	3	1	1	2	1	4	2
436	충주시	청소년방과후아카데미 운영	7	185,946	8	4	7	8	1	3	3	1	1	2	1	4	2
437	충주시	학력소년방과후아카데미 운영	7	190,480	8	2	7	8	1	3	3	1	1	1	1	1	2

순번	시군구	사업명(사업명)	청소년수련시설 분류 1. 청소년수련관 2. 청소년문화의집 3. 청소년수련원 4. 청소년야영장 5. 유스호스텔 6. 청소년특화시설 7. 청소년활동센터 8. 기타 (시설명)	2025년예산 (단위:천원/1년간)	민간위탁 분류 (지방자치단체 세출예산 집행기준에 의거) 1. 민간경상사업보조(307-02) 2. 민간단체 법정운영비보조(307-03) 3. 민간행사사업보조(307-04) 4. 민간위탁금(307-05) 5. 사회복지시설 법정운영비보조(307-10) 6. 사회복지사업보조(307-11) 7. 민간위탁금(307-12) 8. 공기관등에대한경상적위탁비(308-13) 9. 공사공단 경상전출금(309-01)	민간위탁자 선정시 (지방보조금 관리기준 참고) 1. 법령 규정 2. 국고보조 지원(주거지) 3. 통·도 지원 기부금 4. 조례에 적용되는 5. 지자체가 필요하는 사업 6. 사회복지 공공지원 시설 7. 기타 8. 해당없음	인건비 계약체결방법 (운영형태)	인건비 계약기간	인건비 낙찰자선정방법	운영예산 산정 운영산정	운영예산 산정 정산방법	성과평가 성과평가 실시여부	성과평가 성과평가 주기	성과평가 성과평가 실시 방법	평가결과 적용 평가기관 적용방법	평가결과 적용 실제 인센티브 및 패널티 적용 유무	평가결과 적용 인센티브 및 패널티 적용근거
441	충남진도	송악청소년방과후아카데미운영	7	190,480	8	2	7	8	7	5	3	1	1	1	1	1	2
442	충남진도	학교밖청소년지원센터운영	7	142,970	8	1	7	8	7	5	3	1	1	1	1	1	2
443	충남진도	위기청소년지원	7	20,000	8	1	4	8	7	5	3	1	1	1	1	1	2
444	충남서산시	학교밖청소년지원	7	29,536	8	2	4	8	7	5	3	1	1	1	1	1	4
445	충남서산시	서산문화재단 운영	1	2,294,876	4	4	4	3	1	1	1	4	4	5	4	4	4
446	충남서산시	예미 청소년문화의 운영	2	488,718	4	4	4	3	1	1	1	4	4	5	4	4	4
447	충남서산시	성연 청소년문화의 운영	2	761,906	4	4	4	3	1	1	1	4	4	5	4	4	4
448	충남서산시	지역청소년 참여기구 운영(청소년위원회)	1	2,000	5	1	4	3	1	1	1	4	4	5	4	4	4
449	충남서산시	청소년지도사 배치지원	1	52,640	5		4	3	1	1	1	4	4	5	4	4	4
450	충남서산시	청소년 방과후아카데미 운영활성화	1	15,000	6	1	4	3	1	1	1	4	4	5	4	4	4
451	충남서산시	청소년방과후 아카데미 운영	1	177,912	6	1	4	3	1	1	1	4	4	5	4	4	4
452	충남서산시	공공도서관 개관시간 연장	1	57,600	5	1	4	3	1	1	1	4	4	5	4	4	4
453	충남계룡시	청소년 수련활동 지원	1	3,733	6	1	4	3	1	1	1	4	4	5	4	4	4
454	충남계룡시	청소년수련관 운영 지원	1	760,000	4	4	6	5	6	1	1	4	4	5	4	4	4
455	충남논산시	청소년수련원 운영지원 사업	3	155,349	8	5	5	8	7	1	1	4	4	5	4	4	4
456	충남논산시	유스호스텔 운영지원	5	841,368	8	5	5	8	7	1	1	4	4	5	4	4	4
457	충남논산시	청소년 문화의집	2	156,851	6	5	7	8	7	1	1	4	4	5	4	4	4
458	충남논산시	청소년문화존(어울마당)	2	18,000	6	5	7	8	7	1	1	4	4	5	4	4	4
459	충남논산시	청소년동아리지원	2	4,400	6	5	7	8	7	1	1	3	3	5	4	4	4
460	충남논산시	청소년운영위원회	2	3,733	6	5	7	8	7	1	1	3	3	5	4	4	4
461	충남논산시	청소년방과후아카데미 운영 지원	2	2,000	6	2	7	8	7	5	3	4	4	5	4	4	3
462	충남논산시	청소년 국제교류사 자문	2	192,610	6	2	7	8	7	5	3	4	4	5	4	4	3
463	충남논산시	공직청소년지도위원 자문성과비	2	4,950	8	4	7	8	7	1	1	1	1	3	2	1	4
464	충남논산시	청소년수련관 지도사 배치비	2	28,676	8	4	7	8	7	1	1	1	1	3	2	1	4
465	충남논산시	공직청소년수련시설 종사자 자우경비	2	7,980	4	1	1	3	1	1	1	4	4	5	4	4	4
466	충남논산시	청소년육성지원	2	50,000	4	1	1	3	1	1	1	4	4	5	4	4	4
467	충남논산시	청소년 국제교류사 지원	2	20,000	4	1	1	3	1	1	1	3	3	5	4	4	4
468	충남논산시	공주시 청소년수련원 운영	1	884,554	4	4	1	3	1	1	3	3	3	3	2	1	3
469	충남논산시	공주 청소년문화의 집	2	276,698	8	2	1	3	1	1	3	3	3	3	2	1	3
470	충남예산시	예산군청소년문화의집대행	1	442,431	8	4	1	3	1	1	1	4	4	5	4	4	4
471	충남예산시	공주읍청소년문화의집대행	2	233,121	8	4	1	3	1	1	1	4	4	5	4	4	4
472	전북 전주시	청소년시설 민간위탁 운영	1	420,085	4	1	1	3	1	1	3	1	1	2	2	1	2
473	전북 전주시	청소년시설 민간위탁 운영	2	331,602	4	1	1	3	1	1	3	1	1	2	2	1	2
474	전북 전주시	청소년시설 민간위탁 운영	2	341,056	4	1	1	3	1	1	3	1	1	2	2	1	2
475	전북 전주시	청소년시설 민간위탁 운영	2	313,824	4	1	1	3	1	1	3	1	1	2	2	1	2
476	전북 전주시	청소년시설 민간위탁 운영	2	342,472	4	1	1	3	1	1	3	1	1	2	2	1	2
477	전북 전주시	청소년시설 민간위탁 운영	2	354,961	4	1	1	3	1	1	3	1	1	2	2	1	2

순번	시군구	지원명(사업명)	청소년 수련시설 분류	2025년예산 (단위:천원/1년간)	민간이전 분류 (지방자치단체 세출예산 집행기준에 의거)	민간이전자출 근거 (지방보조금 관리규준 참고)	계약방법 (경쟁형태)	계약기간	낙찰자선정방법	운영비산정	운영예산 산정	성과평가 실시여부	성과평가 주기	성과평가 실시 방법	평가기준 적용방법	실제 인센티브 및 패널티 적용 여부	인센티브 및 패널티 적용근거
478	전북 군산시	군산청소년수련관 운영	1	1,280,000		4	1	3	1	1		1	3	3	3	1	1
479	전북 군산시	군산시청소년문화의집 운영	2	420,000	4	4	1	3	1	1		1	3	3	3	1	1
480	전북 익산시	청소년수련관 운영	1	346,460	4	1	6	3	1	1		1	3	1	1	4	4
481	전북 익산시	청소년야영장 운영	2	550,630	4	1	6	3	1	1		1	3	1	1	4	4
482	전북 익산시	유스호스텔 운영	5	335,140	4	1	6	3	1	2		1	3	1	1	3	4
483	전북 정읍시	청소년수련관 운영	1	300,000	4	4	1	3	1	1		1	3	3	1	4	4
484	전북 정읍시	남원국도립청소년수련원운영 지원사업	1	1,075,555	4	4	6	3	1	1		4	5	5	4	4	4
485	전북 남원시	청소년문화의집 운영 지원사업	2	549,392	4	1	6	3	1	1		4	5	5	4	4	4
486	전북 남원시	청소년문화의집운영	2	208,900	4	1	5	3	7	1		1	3	2	1	4	4
487	전북 진안군	청소년복지지원운영	8	234,828	4	4	5	3	7	1		1	3	3	1	4	4
488	전북 진안군	청소년수련관 운영비	1	489,837	4	4	7	8	7	1		1	3	1	1	4	4
489	전북 진안군	청소년야영장 운영비	4	145,459	4	6	7	8	7	1		1	3	1	1	4	4
490	전북 진안군	청소년참여위원회 운영비 지원	1	21,000	4	6	7	8	7	1		1	3	1	1	4	4
491	전북 진안군	청소년어울림마당 운영비 지원	1	2,800	4	6	7	8	7	1		1	3	1	1	4	4
492	전북 진안군	청소년 동아리 활동지원	1	6,250	4	2	7	8	1	1		1	3	1	1	4	4
493	전북 진안군	청소년방 과후 아카데미운영	1	252,676	1	4	7	8	1	1		1	3	1	1	4	4
494	전북 진안군	청소년문화축제	1	25,000	4	6	5	5	1	1		1	3	1	1	4	4
495	전북 무주군	청소년수련시설 운영	1,2	686,092	4	6	2	5	1	1		1	3	1	1	3	4
496	전북 무주군	청소년 동아리 활동지원	1	12,000	4	6	2	5	1	1		1	3	1	1	3	4
497	전북 무주군	청소년지도사 배치 지원	1,2	53,760	6	2	5	5	1	1		1	3	1	1	3	4
498	전북 무주군	지역청소년운영위원회 운영	1	2,800	6	6	5	3	1	1		1	3	1	1	3	4
499	전북 순창군	순창군청소년의회 운영	1	403,486	4	1	2	3	1	1		1	3	3	1	3	4
500	전북 순창군	청소년 예술영재 운영	2	24,000	4	1	2	3	1	1		1	3	3	1	3	4
501	전북 순창군	청소년수련관 운영	1,2	10,000	4	1	2	3	1	1		1	3	3	1	3	4
502	전북 순창군	청소년 동아리 운영	3	1,201,870	6	4	4	4	1	1		1	3	2	4	4	4
503	전북 순창군	청소년 어울림 운영	2	3,000	6	1	7	8	1	1		1	3	3	4	4	4
504	전북 순창군	청소년과학관 운영	2	5,000	6	4	7	8	1	1		1	3	3	4	4	4
505	전남 목포시	인주로지구 자치회 특별지원	2,3	33,150	5	1	7	8	1	5		4	5	5	4	4	4
506	전남 목포시	청소년방과후아카데미 운영	2,3,8	729,896	5	1	7	8	1	5		4	5	5	4	4	4
507	전남 목포시	청소년참여위원회 운영	1	2,500	5	4	7	8	1	5		4	5	5	4	4	4
508	전남 목포시	청소년수련관 운영	2,3	3,000	5	4	7	8	1	5		4	5	5	4	4	4
509	전남 목포시	청소년문화센터 운영	2	220,000	5	4	7	8	1	5		4	5	5	4	4	4

- 14 -

순번	시군구	지원명(사업명)	청소년 수련시설 분류 (1.청소년수련관 2.청소년수련원 3.청소년문화의집 4.청소년야영장 5.유스호스텔 6.스포츠시설 7.청소년특화시설 8.기타(시설명))	2025년예산 (단위:천원 /1년간)	민간이전 분류 (지방자치단체 세출예산 집행기준에 의거) (1.민간경상사업보조(307-02) 2.민간단체 법정운영비보조(307-03) 3.민간위탁금(307-04) 4.민간행사(307-05) 5.사회복지시설 법정운영비보조(307-10) 6.사회복지사업보조(307-11) 7.민간장학금출연(307-12) 8.공기관등에대한경상적위탁사업비(308-13) 9.공사용인 경상전출(309-01))	민간이전지출 근거 (지방보조금 관리기준 포함) (1.법령에 규정 2.국고보조 지원(국가지정) 3.통도 지정 기준 4.조례에 지정근거 5.지자체 지침근거 있는 사업 6.시도 정책 및 지원사항 7.기타 8.해당없음)	계약체결방법 (정형계약) (1.일반경쟁 2.제한경쟁 3.지명경쟁 4.수의계약 5.법정위탁 6.기타( ) 7.해당없음)	계약기간 (1.1년 2.2년 3.3년 4.4년 5.5년 6.기타( )년 7.단기계약(1년미만) 8.해당없음)	낙찰자선정방법 (1.적격심사 2.협상에의한계약 3.최저가기낙찰 4.규격가격분리 5.2단계 경쟁입찰 6.기타( ) 7.해당없음)	운영예산 신청 (1.내부산정 (지자체 자체예산으로 산정) 2.외부산정 (외부전문기관에 산정) 3.내외부 모두 산정 4.신청無 5.해당없음)	운영예산 정정 (1.내부정정 (지자체 내부조정으로 정산) 2.외부정정 (외부전문기관에 정산) 3.내외부 모두 정산 4.정산 無 5.해당없음)	성과평가 실시여부 (1.실시 2.미실시 3.향후 추진 4.해당없음)	성과평가 주기 (1.매년 2.격년 3.기간별정 4.기타( ) 5.해당없음)	성과평가 실시 방법 (1.자체 실시 2.평가기관 구성 후 실시 (전문위원 섭외) 3.전문 평가기관 의뢰 4.기타( ) 5.해당없음)	평가기준 적용방법 (1.완전 조례 적용 2.전문 평가기관 의뢰 3.기타( ) 4.해당없음)	실적 인센티브 페널티 적용 유무 (1.예산 적용 2.직원 인용 3.기타( ) 4.해당없음)	평가결과 적용 인센티브 및 페널티 적용근거 (1.조례 2.계약서 3.기타( ) 4.해당없음)
515	전남 목포시	청소년수련시설 청소년지도사 배치사업	2,3	78,948	5	1	7	8	7	5	5	4	5	5	4	4	4
516	전남 여수시	청소년수련시설지원	1,2	692,297	4	1	6	5	1	1	1	1	3	2	1	1	2
517	전남 여수시	청소년지도사 배치지원	1,2	78,948	4	2	7	8	7	5	5	4	5	5	4	4	4
518	전남 여수시	공공청소년수련시설 프로그램 운영 지원(위탁)	1,2	24,400	6	4	7	8	7	5	5	4	5	5	4	4	4
519	전남 여수시	청소년지도자 처우개선 수당 지원	1,2	19,890	4	6	7	8	7	5	5	4	5	5	4	4	4
520	전남 나주시	청소년수련관 운영	1	27,640	1	8	1	8	7	1	1	1	1	1	3	1	4
521	전남 광양시	청소년문화의 집운영비	1	580,000	4	1	1	3	6	3	3	1	4	4	3	4	4
522	전남 광양시	광양청소년문화의집 육성운영비	2	190,000	4	1	1	3	6	3	3	1	4	4	3	4	4
523	전남 광양시	광영청소년문화의집 육성운영비	2	180,000	4	1	1	3	6	3	3	1	4	4	3	4	4
524	전남 광양시	청소년문화센터	3	172,400	4	4	5	3	2	1	1	1	1	1	1	1	2
525	전남 광양시	국제청소년 성취포상제 운영 지원	2	210,000	5	4	5	3	1	1	1	3	3	3	3	3	4
526	전남 광양시	청소년수련관 운영지원	2	212,000	5	1	7	3	1	1	1	4	5	5	4	4	4
527	전남 광양시	청소년방과후 아카데미운영 사업지원	2	1,800	3	7	7	8	7	5	5	4	5	5	4	4	4
528	전남 광양시	청소년교육문화프로그	2	35,505	4	7	7	8	7	5	5	4	5	5	4	4	4
529	전남 광양시	청소년동아리한마당	2	27,000	3	7	7	8	7	5	5	4	5	5	4	4	4
530	전남 광양시	지역청소년단체육성지원사업	2	30,216	4	1	7	8	7	5	5	4	5	5	4	4	4
531	전남 광양시	청소년지도자배치지원	2	183,910	4	7	7	8	7	5	5	4	5	5	4	4	4
532	전남 광양시	청소년유해환경 감시단 운영	2	100,000	3	2	6	3	1	1	1	1	1	1	1	1	1
533	전남 광양시	청소년수련관 운영	1	562,500	4	1	6	5	1	1	1	4	5	5	4	4	4
534	전남 광양시	청소년방과후 아카데미 운영	1	309,532	4	1	5	5	1	1	1	4	5	5	4	4	4
535	전남 광양시	청소년방과후 아카데미 운영(급식추가)	1	48,853	4	2	5	5	1	1	1	4	5	5	4	4	4
536	전남 광양시	청소년 동 지원 안	2	140,000	4	1	6	1	1	1	1	4	5	5	4	4	4
537	전남 광양시	청소년 희영 아카데미 운영	2	404,131	4	1	1	5	1	1	1	4	3	3	1	1	4
538	전남 광양시	청소년문화의집위탁사업	2	48,100	4	2	7	8	7	5	5	4	5	5	4	4	4
539	전남 광양시	지역청소년문화예술회 운영	2	26,316	4	1	7	3	1	1	1	4	5	5	4	4	4
540	전남 광양시	청소년문화마당	1	2,800	4	1	6	6	6	1	1	1	1	1	4	4	4
541	전남 광양시	청소년유해환경 감시단	1	1,600	4	2	5	5	1	1	1	4	5	5	4	4	4
542	전남 광양시	청소년방과 아카데미 운영	1	134,100	4	2	5	5	1	1	1	4	5	5	4	4	4
543	전남 광양시	청소년창의체험 운영	1	2,800	4	1	5	5	1	1	1	4	5	5	4	4	4
544	전남 광양시	청소년지도사 배치지원	1	26,316	4	2	5	3	1	1	1	4	5	5	4	4	4
545	전남 광양시	청소년지도사 처우개선 수당지원	1	13,260	4	1	5	8	1	1	1	4	5	5	4	4	4
546	전남 광양시	청소년유통지원	1	20,000	3	1	6	3	6	1	1	1	1	1	4	4	4
547	전남 광양시	청소년문화의 집 운영	2	436,200	4	1	5	5	1	1	1	4	5	5	4	4	4
548	전남 구례군	청소년지도자 처우개선 사업	3	6,630	4	1	1	1	1	1	1	1	1	1	1	1	1
549	전남 신안군	신안청소년수련원 청소년지도사 배치지원	3	10,000	2	1	5	2	1	1	1	1	1	1	1	1	1
550	경북 포항시	청소년문화과후아카데미운영경지원	2	388,948	8	5	5	5	7	5	5	4	5	5	4	4	4
551	경북 포항시	시군구청소년수련시설청소년지도사배치지원	2	29,159	8	5	5	5	7	5	5	4	5	5	4	4	4

- 15 -

순번	시군구	지원명(사업명)	청소년 수련시설 분류	2025년예산 (단위:현물/1년) (단위:천원)	민간이전자율 근거 (지방보조금 관리기준 참고)	계약체결방법 (경쟁형태)	입찰방식 계약기간	입찰방식 낙찰자선정방법	운영비선정 운영비선정	운영비선정 정산방법	성과평가 성과평가 실시여부	성과평가 성과평가 주기	성과평가 성과평가 실시 방법	평가기준 적용방법	평가결과 적용 실제 인센티브 및 페널티 적용여부	평가결과 적용 인센티브 및 페널티 적용근거
552	경북 안동시	안동시시설관리공단 대행사업비	1	895,700	1	6	8	7	1	1	4	5	5	4	4	4
553	경북 안동시	안동시시설관리공단 대행사업비	3	384,130	1	6	8	7	1	1	4	5	5	4	4	4
554	경북 안동시	안동청소년문화센터 운영비 지원	2	190,000	1	6	8	7	1	1	1	4	1	3	1	3
555	경북 안동시	청소년문화의집 발굴주야이데미 지원입자	2	40,000	1	6	8	7	1	1	1	4	1	3	1	3
556	경북 안동시	청소년방과후아카데미운영 지원	2	185,774	1	6	8	7	5	1	4	5	5	4	4	4
557	경북 안동시	청소년방과후아카데미운영 지원	1	179,174	1	6	8	7	5	1	4	5	5	4	4	4
558	경북 안동시	안동청소년상담복지센터 운영	2	2,800	1	6	1	6	5	3	3	4	1	3	3	3
559	경북 안동시	선산청소년수련관	1	2,472,000	1	6	6	6	1	1	3	3	5	3	3	3
560	경북 구미시	경북청소년수련원	2	1,236,000	1	6	6	6	1	1	2	5	1	3	3	4
561	경북 구미시	청소년문화의집 운영	3	73,000	1	5	5	1	1	1	1	3	5	4	4	3
562	경북 영주시	청소년문화재단사업	1	60,000	6	6	6	6	1	1	4	5	5	3	3	1
563	경북 영주시	청소년이용활동지원사업	1	24,000	1	6	6	6	1	1	4	5	1	3	3	1
564	경북 영주시	청소년활동활동지원사업	1	20,000	1	7	7	7	1	1	4	3	1	3	1	1
565	경북 영주시	청소년지역교류운영	1	12,000	6	6	3	2	2	3	3	3	3	2	4	4
566	경북 상주시	상주청소년교류운영	3	779,700	4	6	8	1	1	1	1	3	1	1	1	4
567	경북 문경시	청소년수련관 운영	1	187,778	4	5	5	1	1	1	1	3	1	1	1	4
568	경북 문경시	청소년계몽청소년 운영	3	231,860	4	6	6	1	1	1	1	3	1	1	1	3
569	경북 문경시	복합청소년계몽청	2	159,806	4	6	6	6	1	1	1	3	1	3	3	3
570	경북 문경시	마산청소년문화의집	2	179,271	1	1	5	1	1	1	1	3	1	3	3	3
571	경북 문경시	진해청소년문화의집	2	140,901	1	1	3	1	1	1	1	5	4	4	4	4
572	경북 문경시	늘푸른참	1	1,564,764	1	7	8	7	5	1	4	5	5	4	4	4
573	경북 문경시	우리가꾸는청소년문화센터	1	1,722,556	1	7	8	7	1	1	4	5	5	4	4	4
574	경북 문경시	진해청소년수련관	4	401,937	2	5	8	7	1	1	1	3	1	3	3	3
575	경북 문경시	북청청소년수련관	1	378,445	1	5	6	6	1	1	1	3	1	3	3	3
576	경북 문경시	청소년 동아리 지원	1,2	529,462	4	5	5	1	1	1	1	3	1	3	3	3
577	경북 문경시	청소년어울림마당 지원	1,2	727,518	4	5	3	1	1	3	1	4	4	3	3	3
578	경북 문경시	청소년문화센터 운영	1	220,000	4	5	3	1	1	5	1	1	4	3	3	3
579	경북 문경시	청소년지도사 연수지원	2	329,193	1	1	3	1	1	5	1	1	3	3	3	3
580	경북 문경시	청소년지도사 복지지원(청소년수련관)	1	29,159	2	5	3	1	1	5	1	1	2	3	3	3
581	경북 문경시	청소년지도사 복지지원(청소년문화의집)	2	29,159	2	5	3	1	1	5	1	1	2	3	3	3
582	경북 문경시	청소년 동아리 지원	1,2	20,000	6	6	3	1	1	5	1	1	2	3	3	3
583	경북 문경시	청소년어울림마당 지원	1,2	24,000	6	5	3	7	1	5	1	1	2	3	3	3
584	경북 문경시	청소년운영위원회 운영	1	2,800	5	5	3	1	1	5	1	1	3	3	3	3
585	경북 문경시	청소년 운영위원회 운영	2	2,000	5	7	8	7	5	5	4	4	3	4	4	4
586	경북 문경시	청소년문화센터 운영	2	703,916	4	7	8	7	5	5	4	5	5	4	4	4
587	경북 문경시	청소년 문화의집 운영	2	285,120	4	7	8	7	5	5	4	5	5	4	4	4
588	경북 문경시	청소년 상담지원	2	282,267	5	7	8	7	5	5	4	5	5	4	4	4

순번	시군구	지출명(사업명)	청소년 수련시설 분류	2025년예산 (단위:천원/1년)	민간이전 분류	민간이전지출 근거	계약체결방법	임용방식 계약기간	채용자선정방법	운영위상정	정산방법	성과평가 실시여부	성과평가 주기	성과평가 실시 방법	평가기준 적용방법	실제 인센티브 및 패널티 적용 여부	인센티브 및 패널티 적용근거
589	거제시	청소년 희망캠프운영	1,2	21,600	3	1	7	8	7	5	5	4	5	5	4	4	4
590	거제시	청소년자원봉사단 국제교류사업	1	16,000	6	1	7	8	7	5	5	4	5	5	4	4	4
591	거제시	청소년방과후아카데미 운영 지원	1,2	550,580	6	1	7	8	7	5	5	4	5	5	4	4	4
592	거제시	청소년 어울림마당 운영 지원	1	18,000	6	1	7	8	7	5	5	4	5	5	4	4	4
593	거창군	돌봄청소년문화의 집 운영	2	500,000	4	1	6	6	6	1	1	3	3	1	1	4	4
594	거창군	이동청소년문화의 집 운영	2	240,000	4	1	1	3	1	3	1	1	3	1	1	2	2
595	함안군	청소년수련관 운영	1	390,520	4	4	1	3	1	1	1	1	3	1	1	1	4
596	함안군	청소년문화의 집 운영	2	263,200	4	4	1	3	1	1	1	1	3	1	1	1	4
597	창녕군	청소년 나라사랑 체험프로그램	1	20,000	1	4	1	3	1	1	1	1	1	1	1	1	1
598	창녕군	우리동네 학교복지예방 프로그램 운영지원 사업	1	10,000	1	1	1	3	1	1	1	1	1	1	1	1	1
599	창녕군	민주 청소년 교육체험여행 프로그램 운영	2	30,000	1	1	1	3	1	1	1	1	1	1	1	1	1
600	창녕군	청소년 생태탐방 프로그램 운영	2	20,000	1	1	1	3	1	1	1	1	1	1	1	1	1
601	창녕군	꿈의 오케스트라	1	330,000	1	1	1	3	1	1	1	1	1	1	1	1	1
602	창원시	청소년수련시설 프로그램 운영 및 동아리 지원	1	290,000	1	1	1	3	1	1	1	1	1	1	1	1	1
603	창원시	청소년수련시설 프로그램 운영 및 동아리 지원	2	80,330	1	-	1	3	1	1	1	1	1	1	1	1	1
604	창원시	청소년수련시설 프로그램 운영 및 동아리 지원	2	77,200	1	1	1	3	1	1	1	1	1	1	1	1	1
605	창원시	청소년경찰수련관 위탁운영	1	889,750	4	1	1	3	1	1	1	1	1	1	1	1	1
606	창원시	영상정보문화의집 위탁운영	2	381,084	4	1	1	3	1	1	1	1	1	1	1	1	1
607	창원시	지역아동센터 복지지원	2	414,038	1	6	6	3	6	1	1	3	4	1	3	1	1
608	창원시	청소년지도자 복지지원	1	26,316	4	6	6	3	6	1	1	4	5	5	4	4	4
609	창원시	청소년지도자 복지지원	2	26,316	4	6	6	3	6	1	1	4	5	5	4	4	4
610	창원시	청소년지도자 복지지원	2	26,316	4	6	6	3	6	1	1	4	5	5	4	4	4
611	창원시	청소년과후아카데미(인문선행)	1	506,850	1	4	6	3	6	1	1	4	5	5	4	4	4
612	창원시	청소년과후아카데미(일반수도)	2	120,000	4	4	6	3	6	1	1	4	5	5	4	4	4
613	제주시	공공청소년문화의집(설개소관) 위탁관리	3	18,000	4	6	6	3	6	1	1	4	4	1	3	4	3
614	제주시	청소년문화의 집 운영	2	201,700	1	4	6	3	6	1	1	1	5	5	4	4	4
615	제주시	성도1동청소년문화의집 청소년지도사(배체) 인건비	2	25,584	4	4	6	3	6	1	1	4	5	5	4	4	4
616	제주시	성도1동청소년문화의집 청소년지도사(배체) 활동지원	2	2,500	4	4	6	3	6	1	1	4	5	5	4	4	4
617	제주시	성도2동청소년문화의집 청소년운영위원회 활동지원	2	2,500	4	4	6	3	6	1	1	4	5	5	4	4	4
618	제주시	조천청소년문화의집 운영비	2	202,800	4	4	6	3	6	1	1	4	5	5	4	4	4
619	제주시	조천청소년문화의집 청소년지도사(배체) 인건비	2	25,584	4	4	6	3	6	1	1	4	5	5	4	4	4
620	제주시	조천청소년문화의집 청소년지도사(배체) 활동지원	2	2,500	4	4	6	3	6	1	1	4	5	5	4	4	4
621	제주시	조천청소년문화의집 청소년운영위원회 지원	2	2,500	4	4	6	3	6	1	1	4	5	5	4	4	4
622	제주서귀포시	서귀포시청소년문화의집민간위탁운영	2	312,780	4	1	6	3	6	1	1	1	2	3	2	2	4

배 성 기 (裵 成 基)

| 약 력 |

現 공공서비스연구원 원장, 한국민간위탁연구소 소장, 한국공공서비스연구소 소장, 한국사회적가치연구소 소장,
한국지방의정연구소 소장, 단국대학교 경영학 박사, 가천대학교 회계학 석사
現 단국대학교 경영학과 외래교수
現 파주시청 민간위탁 운영심의위원, 은평구청 민간위탁 적정성운영위원
現 중랑구의회 의정자문위원, 한국의정연구회 지방의회연구소 초빙교수
現 송파구 민간위탁 운영평가위원, 사회적기업 육성 위원
現 성북구 사회적경제 육성위원, 성북민관협치 운영위원
現 국민권익위원회 부패영향평가 자문위원
現 가천대학교 사회적기업과고용관계연구소 비상임 선임연구원
現 에코아이 지속가능경영연구소 비상임 소장
現 (재)현대산업경제연구원 비상임 연구위원
前 서울시 민간위탁 원가분석 자문위원
前 단국대학교 경제학과 외래교수

| 주요 연구수행실적 |

「정부 및 지자체 등으로부터 위탁받은 사업 매뉴얼 구축 용역」
「2017년 재정사업 성과평가 용역(산림자원육성)」
「농림축산식품 정보화사업 성과관리체계 구축 연구」
「자동차전용도로 효율적 관리를 위한 직무분석 용역」
「산림문화휴양촌 관리운영 방안 수립 연구 용역」
「생활폐기물 수집·운반 및 처리시설 민간위탁 타당성 및 운영효율화 방안」
「산업단지 폐수처리시설 민간위탁 타당성 및 운영효율화 방안」
「종합사회복지관 민간위탁 타당성 및 운영효율화 방안」
「장애인복지관 민간위탁 타당성 및 운영효율화 방안」
「노인종합복지관 민간위탁 타당성 및 운영효율화 방안」
「아동·청소년시설 민간위탁 타당성 및 운영효율화 방안」
「소각장 민간위탁 타당성 및 운영효율화 방안」
「자동집하시설 민간위탁 타당성 및 운영효율화 방안」
「가로등관리 민간위탁 타당성 및 운영효율화 방안」
「공원관리 민간위탁 타당성 및 운영효율화 방안」
「문화예술체육시설 운영관리 민간위탁 타당성 및 운영효율화 방안」 외 다수

| 주요 저술실적 |

저서 : 지방자치단체 민간위탁 운영관리메뉴얼 Ⅰ, Ⅱ, Ⅲ권, 민간위탁 원가산정, 공공관리와 성과,
　　　민간위탁 조례 및 계약 관리 방안, 하수처리시설 민간위탁 서비스 평가, 공공하수도시설 민간위탁 서비스 경영,
　　　생활폐기물 수집·운반 및 처리시설 민간위탁 서비스 경영 등
번역 : OECD 정부기능 및 정부서비스 민간위탁 외 4권
논문 : 민간위탁서비스 핵심운영요인이 운영성과에 미치는 영향에 관한 실증 연구(2014) 등 3개
발표 : 한국생산관리학회, 한국구매조달학회, 한국관광경영학회 등 다수

KCOMI 발간도서 소개

● 민간위탁 통계

KCOMI 통계
2025 전국 지방자치단체 민·관 협업사무 운영 현황 I
민간위탁금(307-05)
사회복지시설법정운영비보조(307-10)
민간인위탁교육비(307-12)
공기관등에대한경상적대행사업비(308-10)

본 도서는 전국 17개 광역자치단체를 포함한 243개 지방자치단체의 2021년 민관 협업사무 운영 현황으로서 국내에서 유일하게 전국 민관 협업사무 운영 현황을 파악할 수 있는 자료이다. 해당 시리즈는 총 3권으로 제작되었다.

배성기 지음
한국민간위탁경영구소
2025년 3월 출간

KCOMI 통계
2025 전국 지방자치단체 민·관 협업사무 운영 현황 II
민간위탁금(307-05)
사회복지시설법정운영비보조(307-10)
민간인위탁교육비(307-12)
공기관등에대한경상적대행사업비(308-10)

본 도서는 전국 17개 광역자치단체를 포함한 243개 지방자치단체의 2021년 민관 협업사무 운영 현황으로서 국내에서 유일하게 전국 민관 협업사무 운영 현황을 파악할 수 있는 자료이다. 해당 시리즈는 총 3권으로 제작되었다.

배성기 지음
한국민간위탁경영구소
2025년 3월 출간

KCOMI 통계
2025 전국 지방자치단체 민·관 협업사무 운영 현황 III
민간위탁금(307-05)
사회복지시설법정운영비보조(307-10)
민간인위탁교육비(307-12)
공기관등에대한경상적대행사업비(308-10)

본 도서는 전국 17개 광역자치단체를 포함한 243개 지방자치단체의 2021년 민관 협업사무 운영 현황으로서 국내에서 유일하게 전국 민관 협업사무 운영 현황을 파악할 수 있는 자료이다. 해당 시리즈는 총 3권으로 제작되었다.

배성기 지음
한국민간위탁경영구소
2025년 3월 출간

KCOMI 통계
2024 전국 지방자치단체 중간지원조직 위탁 운영현황
민간위탁금(307-05)
사회복지시설법정운영비보조(307-10)
민간인위탁교육비(307-12)
공기관등에대한경상적대행사업비(308-10)

본 도서는 전국 17개 광역자치단체를 포함한 243개 지방자치단체의 2021년 민관 협업사무 운영 현황으로서 국내에서 유일하게 전국 민관 협업사무 운영 현황을 파악할 수 있는 자료이다.

배성기 지음
한국민간위탁경영구소
2024년 10월 출간

KCOMI 통계
2024 전국 지방자치단체 정보화사업 추진현황
민간위탁금(307-05)
사회복지시설법정운영비보조(307-10)
민간인위탁교육비(307-12)
공기관등에대한경상적대행사업비(308-10)

본 도서는 전국 17개 광역자치단체를 포함한 243개 지방자치단체의 2021년 민관 협업사무 운영 현황으로서 국내에서 유일하게 전국 민관 협업사무 운영 현황을 파악할 수 있는 자료이다.

배성기 지음
한국민간위탁경영구소
2024년 10월 출간

KCOMI 통계
2024 전국 지방자치단체 사회복지시설 운영현황
민간위탁금(307-05)
사회복지시설법정운영비보조(307-10)
민간인위탁교육비(307-12)
공기관등에대한경상적대행사업비(308-10)

본 도서는 전국 17개 광역자치단체를 포함한 243개 지방자치단체의 2021년 민관 협업사무 운영 현황으로서 국내에서 유일하게 전국 민관 협업사무 운영 현황을 파악할 수 있는 자료이다.

배성기 지음
한국민간위탁경영구소
2024년 10월 출간

KCOMI 통계
2024 전국 지방자치단체 평생교육시설 운영현황
민간위탁금(307-05)
사회복지시설법정운영비보조(307-10)
민간인위탁교육비(307-12)
공기관등에대한경상적대행사업비(308-10)

본 도서는 전국 17개 광역자치단체를 포함한 243개 지방자치단체의 2021년 민관 협업사무 운영 현황으로서 국내에서 유일하게 전국 민관 협업사무 운영 현황을 파악할 수 있는 자료이다.

배성기 지음
한국민간위탁경영구소
2024년 10월 출간

KCOMI 통계
2024 전국 지방자치단체 청소년수련시설 운영현황
민간위탁금(307-05)
사회복지시설법정운영비보조(307-10)
민간인위탁교육비(307-12)
공기관등에대한경상적대행사업비(308-10)

본 도서는 전국 17개 광역자치단체를 포함한 243개 지방자치단체의 2021년 민관 협업사무 운영 현황으로서 국내에서 유일하게 전국 민관 협업사무 운영 현황을 파악할 수 있는 자료이다.

배성기 지음
한국민간위탁경영구소
2024년 10월 출간

KCOMI 통계
2024 전국 지방자치단체 문화예술시설 운영현황
민간위탁금(307-05)
사회복지시설법정운영비보조(307-10)
민간인위탁교육비(307-12)
공기관등에대한경상적대행사업비(308-10)

본 도서는 전국 17개 광역자치단체를 포함한 243개 지방자치단체의 2021년 민관 협업사무 운영 현황으로서 국내에서 유일하게 전국 민관 협업사무 운영 현황을 파악할 수 있는 자료이다.

배성기 지음
한국민간위탁경영구소
2024년 10월 출간

KCOMI 통계
2024 전국 지방자치단체 관광시설 운영현황
민간위탁금(307-05)
사회복지시설법정운영비보조(307-10)
민간인위탁교육비(307-12)
공기관등에대한경상적대행사업비(308-10)

본 도서는 전국 17개 광역자치단체를 포함한 243개 지방자치단체의 2021년 민관 협업사무 운영 현황으로서 국내에서 유일하게 전국 민관 협업사무 운영 현황을 파악할 수 있는 자료이다.

배성기 지음
한국민간위탁경영구소
2024년 10월 출간

KCOMI 통계
2024 전국 지방자치단체 체육시설 운영현황

민간위탁금(307-05)
사회복지시설법정운영비보조(307-10)
민간인위탁교육비(307-12)
공기관등에대한경상적대행사업비(308-10)

본 도서는 전국 17개 광역자치단체를 포함한 243개 지방자치단체의 2021년 민관 협업사무 운영 현황으로서 국내에서 유일하게 전국 민관 협업사무 운영 현황을 파악할 수 있는 자료이다.

배성기 지음
한국민간위탁경영구소
2024년 10월 출간

KCOMI 통계
2024 전국 지방자치단체 민원콜센터 운영현황

민간위탁금(307-05)
사회복지시설법정운영비보조(307-10)
민간인위탁교육비(307-12)
공기관등에대한경상적대행사업비(308-10)

본 도서는 전국 17개 광역자치단체를 포함한 243개 지방자치단체의 2021년 민관 협업사무 운영 현황으로서 국내에서 유일하게 전국 민관 협업사무 운영 현황을 파악할 수 있는 자료이다.

배성기 지음
한국민간위탁경영구소
2024년 10월 출간

KCOMI 통계
2024 전국 지방자치단체 폐기물처리시설 운영현황

민간위탁금(307-05)
사회복지시설법정운영비보조(307-10)
민간인위탁교육비(307-12)
공기관등에대한경상적대행사업비(308-10)

본 도서는 전국 17개 광역자치단체를 포함한 243개 지방자치단체의 2021년 민관 협업사무 운영 현황으로서 국내에서 유일하게 전국 민관 협업사무 운영 현황을 파악할 수 있는 자료이다.

배성기 지음
한국민간위탁경영구소
2024년 10월 출간

KCOMI 통계
2024 전국 지방자치단체 생활폐기물 수집운반 운영현황

민간위탁금(307-05)
사회복지시설법정운영비보조(307-10)
민간인위탁교육비(307-12)
공기관등에대한경상적대행사업비(308-10)

본 도서는 전국 17개 광역자치단체를 포함한 243개 지방자치단체의 2021년 민관 협업사무 운영 현황으로서 국내에서 유일하게 전국 민관 협업사무 운영 현황을 파악할 수 있는 자료이다.

배성기 지음
한국민간위탁경영구소
2024년 10월 출간

KCOMI 통계
2024 전국 지방자치단체 상수도시설 운영현황

민간위탁금(307-05)
사회복지시설법정운영비보조(307-10)
민간인위탁교육비(307-12)
공기관등에대한경상적대행사업비(308-10)

본 도서는 전국 17개 광역자치단체를 포함한 243개 지방자치단체의 2021년 민관 협업사무 운영 현황으로서 국내에서 유일하게 전국 민관 협업사무 운영 현황을 파악할 수 있는 자료이다.

배성기 지음
한국민간위탁경영구소
2024년 10월 출간

KCOMI 통계
2024 전국 지방자치단체 공공하수도시설 운영현황

민간위탁금(307-05)
사회복지시설법정운영비보조(307-10)
민간인위탁교육비(307-12)
공기관등에대한경상적대행사업비(308-10)

본 도서는 전국 17개 광역자치단체를 포함한 243개 지방자치단체의 2021년 민관 협업사무 운영 현황으로서 국내에서 유일하게 전국 민관 협업사무 운영 현황을 파악할 수 있는 자료이다.

배성기 지음
한국민간위탁경영구소
2024년 10월 출간

KCOMI 통계
2024 전국 지방자치단체 민·관 협업사무 운영 현황 I
민간위탁금(307-05)
사회복지시설법정운영비보조(307-10)
민간인위탁교육비(307-12)
공기관등에대한경상적대행사업비(308-10)

본 도서는 전국 17개 광역자치단체를 포함한 243개 지방자치단체의 2021년 민관 협업사무 운영 현황으로서 국내에서 유일하게 전국 민관 협업사무 운영 현황을 파악할 수 있는 자료이다. 해당 시리즈는 총 3권으로 제작되었다.

배성기 지음
한국민간위탁경영구소
2024년 2월 출간

KCOMI 통계
2024 전국 지방자치단체 민·관 협업사무 운영 현황 II
민간위탁금(307-05)
사회복지시설법정운영비보조(307-10)
민간인위탁교육비(307-12)
공기관등에대한경상적대행사업비(308-10)

본 도서는 전국 17개 광역자치단체를 포함한 243개 지방자치단체의 2021년 민관 협업사무 운영 현황으로서 국내에서 유일하게 전국 민관 협업사무 운영 현황을 파악할 수 있는 자료이다. 해당 시리즈는 총 3권으로 제작되었다.

배성기 지음
한국민간위탁경영구소
2024년 2월 출간

KCOMI 통계
2024 전국 지방자치단체 민·관 협업사무 운영 현황 III
민간위탁금(307-05)
사회복지시설법정운영비보조(307-10)
민간인위탁교육비(307-12)
공기관등에대한경상적대행사업비(308-10)

본 도서는 전국 17개 광역자치단체를 포함한 243개 지방자치단체의 2021년 민관 협업사무 운영 현황으로서 국내에서 유일하게 전국 민관 협업사무 운영 현황을 파악할 수 있는 자료이다. 해당 시리즈는 총 3권으로 제작되었다.

배성기 지음
한국민간위탁경영구소
2024년 2월 출간

KCOMI 통계
2024 중앙행정기관 행정사무 민간이전 운영현황
민간위탁금(307-05)
사회복지시설법정운영비보조(307-10)
민간인위탁교육비(307-12)
공기관등에대한경상적대행사업비(308-10)

본 도서는 전국 17개 광역자치단체를 포함한 243개 지방자치단체의 2021년 민관 협업사무 운영 현황으로서 국내에서 유일하게 전국 민관 협업사무 운영 현황을 파악할 수 있는 자료이다.

배성기 지음
한국민간위탁경영구소
2024년 2월 출간

KCOMI 통계
2023 전국 지방자치단체 민·관 협업사무 운영 현황 장애인 복지시설
민간위탁금(307-05)
사회복지시설법정운영비보조(307-10)
민간인위탁교육비(307-12)
공기관등에대한경상적대행사업비(308-10)

본 도서는 전국 17개 광역자치단체를 포함한 243개 지방자치단체의 2021년 민관 협업사무 운영 현황으로서 국내에서 유일하게 전국 민관 협업사무 운영 현황을 파악할 수 있는 자료이다.

배성기 지음
한국민간위탁경영구소
2023년 10월 출간

KCOMI 통계
2023 전국 지방자치단체 민·관 협업사무 운영 현황 청소년 수련시설
민간위탁금(307-05)
사회복지시설법정운영비보조(307-10)
민간인위탁교육비(307-12)
공기관등에대한경상적대행사업비(308-10)

본 도서는 전국 17개 광역자치단체를 포함한 243개 지방자치단체의 2021년 민관 협업사무 운영 현황으로서 국내에서 유일하게 전국 민관 협업사무 운영 현황을 파악할 수 있는 자료이다.

배성기 지음
한국민간위탁경영구소
2023년 10월 출간

KCOMI 통계
2023 전국 지방자치단체
민·관 협업사무 운영 현황 주차장
민간위탁금(307-05)
사회복지시설법정운영비보조(307-10)
민간인위탁교육비(307-12)
공기관등에대한경상적대행사업비(308-10)

본 도서는 전국 17개 광역자치단체를 포함한 243개 지방자치단체의 2021년 민관 협업사무 운영 현황으로서 국내에서 유일하게 전국 민관 협업사무 운영 현황을 파악할 수 있는 자료이다.

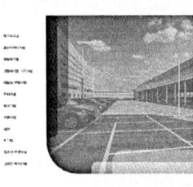

배성기 지음
한국민간위탁경영구소
2023년 10월 출간

KCOMI 통계
2023 전국 지방자치단체
민·관 협업사무 운영 현황 공원
민간위탁금(307-05)
사회복지시설법정운영비보조(307-10)
민간인위탁교육비(307-12)
공기관등에대한경상적대행사업비(308-10)

본 도서는 전국 17개 광역자치단체를 포함한 243개 지방자치단체의 2021년 민관 협업사무 운영 현황으로서 국내에서 유일하게 전국 민관 협업사무 운영 현황을 파악할 수 있는 자료이다.

배성기 지음
한국민간위탁경영구소
2023년 10월 출간

KCOMI 통계
2023 전국 지방자치단체
민·관 협업사무 운영 현황 관광시설
민간위탁금(307-05)
사회복지시설법정운영비보조(307-10)
민간인위탁교육비(307-12)
공기관등에대한경상적대행사업비(308-10)

본 도서는 전국 17개 광역자치단체를 포함한 243개 지방자치단체의 2021년 민관 협업사무 운영 현황으로서 국내에서 유일하게 전국 민관 협업사무 운영 현황을 파악할 수 있는 자료이다.

배성기 지음
한국민간위탁경영구소
2023년 10월 출간

KCOMI 통계
2023 전국 지방자치단체
민·관 협업사무 운영 현황 문화예술
민간위탁금(307-05)
사회복지시설법정운영비보조(307-10)
민간인위탁교육비(307-12)
공기관등에대한경상적대행사업비(308-10)

본 도서는 전국 17개 광역자치단체를 포함한 243개 지방자치단체의 2021년 민관 협업사무 운영 현황으로서 국내에서 유일하게 전국 민관 협업사무 운영 현황을 파악할 수 있는 자료이다.

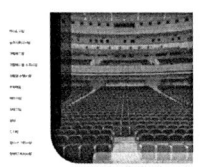

배성기 지음
한국민간위탁경영구소
2023년 10월 출간

KCOMI 통계
2023 전국 지방자치단체
민·관 협업사무 운영 현황
재활용 선별시설
민간위탁금(307-05)
사회복지시설법정운영비보조(307-10)
민간인위탁교육비(307-12)
공기관등에대한경상적대행사업비(308-10)

본 도서는 전국 17개 광역자치단체를 포함한 243개 지방자치단체의 2021년 민관 협업사무 운영 현황으로서 국내에서 유일하게 전국 민관 협업사무 운영 현황을 파악할 수 있는 자료이다.

배성기 지음
한국민간위탁경영구소
2023년 10월 출간

KCOMI 통계
2023 전국 지방자치단체
민·관 협업사무 운영 현황
생활폐기물 소각시설
민간위탁금(307-05)
사회복지시설법정운영비보조(307-10)
민간인위탁교육비(307-12)
공기관등에대한경상적대행사업비(308-10)

본 도서는 전국 17개 광역자치단체를 포함한 243개 지방자치단체의 2021년 민관 협업사무 운영 현황으로서 국내에서 유일하게 전국 민관 협업사무 운영 현황을 파악할 수 있는 자료이다.

배성기 지음
한국민간위탁경영구소
2023년 10월 출간

KCOMI 통계
2023 전국 지방자치단체 민·관 협업사무 운영 현황
생활폐기물
민간위탁금(307-05)
사회복지시설법정운영비보조(307-10)
민간인위탁교육비(307-12)
공기관등에대한경상적대행사업비(308-10)

본 도서는 전국 17개 광역자치단체를 포함한 243개 지방자치단체의 2021년 민관 협업사무 운영 현황으로서 국내에서 유일하게 전국 민관 협업사무 운영 현황을 파악할 수 있는 자료이다.

배성기 지음
한국민간위탁경영구소
2023년 10월 출간

KCOMI 통계
2023 전국 지방자치단체 민·관 협업사무 운영 현황
슬러지처리시설
민간위탁금(307-05)
사회복지시설법정운영비보조(307-10)
민간인위탁교육비(307-12)
공기관등에대한경상적대행사업비(308-10)

본 도서는 전국 17개 광역자치단체를 포함한 243개 지방자치단체의 2021년 민관 협업사무 운영 현황으로서 국내에서 유일하게 전국 민관 협업사무 운영 현황을 파악할 수 있는 자료이다.

배성기 지음
한국민간위탁경영구소
2023년 10월 출간

KCOMI 통계
2023 전국 지방자치단체 민·관 협업사무 운영 현황
하수도시설
민간경상사업보조(307-02)
민간단체법정운영비보조(307-03)
민간행사사업보조(307-04)

본 도서는 전국 17개 광역자치단체를 포함한 243개 지방자치단체의 2021년 민관 협업사무 운영 현황으로서 국내에서 유일하게 전국 민관 협업사무 운영 현황을 파악할 수 있는 자료이다.

배성기 지음
한국민간위탁경영구소
2023년 10월 출간

KCOMI 통계
2023 전국 지방자치단체 민·관 협업사무 운영 현황 통합본
민간위탁금(307-05)
사회복지시설법정운영비보조(307-10)
민간인위탁교육비(307-12)
공기관등에대한경상적대행사업비(308-10)

본 도서는 전국 17개 광역자치단체를 포함한 243개 지방자치단체의 2021년 민관 협업사무 운영 현황으로서 국내에서 유일하게 전국 민관 협업사무 운영 현황을 파악할 수 있는 자료이다.

배성기 지음
한국민간위탁경영구소
2023년 10월 출간

KCOMI 통계
2023 중앙행정기관 행정사무 민간이전 운영현황
민간경상사업보조(307-02)
민간단체법정운영비보조(307-03)
민간행사사업보조(307-04)

본 도서는 전국 17개 광역자치단체를 포함한 243개 지방자치단체의 2021년 민관 협업사무 운영 현황으로서 국내에서 유일하게 전국 민관 협업사무 운영 현황을 파악할 수 있는 자료이다.

배성기 지음
한국민간위탁경영구소
2023년 2월 출간

KCOMI 통계
2023 공공기관 민간위탁 운영 현황
민간위탁금(307-05)
사회복지시설법정운영비보조(307-10)
민간인위탁교육비(307-12)
공기관등에대한경상적대행사업비(308-10)

본 도서는 전국 17개 광역자치단체를 포함한 243개 지방자치단체의 2021년 민관 협업사무 운영 현황으로서 국내에서 유일하게 전국 민관 협업사무 운영 현황을 파악할 수 있는 자료이다.

배성기 지음
한국민간위탁경영구소
2023년 2월 출간

KCOMI 통계
2023 전국 지방자치단체
민·관 협업사무 운영 현황 I
민간경상사업보조(307-02)
민간단체법정운영비보조(307-03)
민간행사사업보조(307-04)

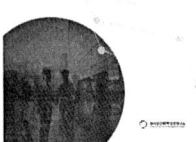

본 도서는 전국 17개 광역자치단체를 포함한 243개 지방자치단체의 2021년 민관 협업사무 운영 현황으로서 국내에서 유일하게 전국 민관 협업사무 운영 현황을 파악할 수 있는 자료이다. 해당 시리즈는 총 3권으로 제작되었다.

배성기 지음
한국민간위탁경영구소
2023년 2월 출간

KCOMI 통계
2023 전국 지방자치단체
민·관 협업사무 운영 현황 II
민간위탁금(307-05)
사회복지시설법정운영비보조(307-10)
민간인위탁교육비(307-12)
공기관등에대한경상적대행사업비(308-10)

본 도서는 전국 17개 광역자치단체를 포함한 243개 지방자치단체의 2021년 민관 협업사무 운영 현황으로서 국내에서 유일하게 전국 민관 협업사무 운영 현황을 파악할 수 있는 자료이다. 해당 시리즈는 총 3권으로 제작되었다.

배성기 지음
한국민간위탁경영구소
2023년 2월 출간

KCOMI 통계
2023 전국 지방자치단체
민·관 협업사무 운영 현황 III
민간경상사업보조(307-02)
민간단체법정운영비보조(307-03)
민간행사사업보조(307-04)

본 도서는 전국 17개 광역자치단체를 포함한 243개 지방자치단체의 2021년 민관 협업사무 운영 현황으로서 국내에서 유일하게 전국 민관 협업사무 운영 현황을 파악할 수 있는 자료이다. 해당 시리즈는 총 3권으로 제작되었다.

배성기 지음
한국민간위탁경영구소
2023년 2월 출간

KCOMI 통계 - Ebook
2023 전국 지방자치단체
민간위탁 운영현황
민간위탁금(307-05)
사회복지시설법정운영비보조(307-10)
민간인위탁교육비(307-12)
공기관등에대한경상적대행사업비(308-10)

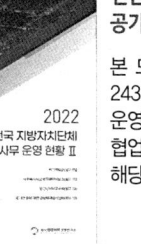

본 도서는 전국 17개 광역자치단체를 포함한 243개 지방자치단체의 민간위탁금(307-06) 예산 운영 현황으로서, 예산 및 해당사무별 업체선정방법, 개별조례 유무, 원가산정기준, 서비스(성과)평가 유무 등을 파악할 수 있는 자료이다.

배성기 지음
한국민간위탁경영구소
2023년 2월 출간

KCOMI 통계
2022 전국 지방자치단체
민·관 협업사무 운영 현황 I
민간경상사업보조(307-02)
민간단체법정운영비보조(307-03)
민간행사사업보조(307-04)

본 도서는 전국 17개 광역자치단체를 포함한 243개 지방자치단체의 2021년 민관 협업사무 운영 현황으로서 국내에서 유일하게 전국 민관 협업사무 운영 현황을 파악할 수 있는 자료이다. 해당 시리즈는 총 3권으로 제작되었다.

배성기 지음
한국민간위탁경영구소
2022년 3월 출간

KCOMI 통계
2022 전국 지방자치단체
민·관 협업사무 운영 현황 II
민간위탁금(307-05)
사회복지시설법정운영비보조(307-10)
민간인위탁교육비(307-12)
공기관등에대한경상적대행사업비(308-10)

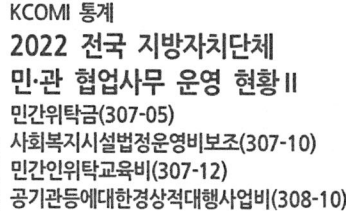

본 도서는 전국 17개 광역자치단체를 포함한 243개 지방자치단체의 2021년 민관 협업사무 운영 현황으로서 국내에서 유일하게 전국 민관 협업사무 운영 현황을 파악할 수 있는 자료이다. 해당 시리즈는 총 3권으로 제작되었다.

배성기 지음
한국민간위탁경영구소
2022년 3월 출간

KCOMI 통계
2022 전국 지방자치단체 민·관 협업사무 운영 현황 Ⅲ
민간경상사업보조(307-02)
민간단체법정운영비보조(307-03)
민간행사사업보조(307-04)

본 도서는 전국 17개 광역자치단체를 포함한 243개 지방자치단체의 2021년 민관 협업사무 운영 현황으로서 국내에서 유일하게 전국 민관 협업사무 운영 현황을 파악할 수 있는 자료이다. 해당 시리즈는 총 3권으로 제작되었다.

배성기 지음
한국민간위탁경영연구소
2022년 3월 출간

KCOMI 통계 - Ebook
2022 전국 지방자치단체 민간위탁 운영현황
민간위탁금(307-05)
사회복지시설법정운영비보조(307-10)
민간인위탁교육비(307-12)
공기관등에대한경상적대행사업비(308-10)

본 도서는 전국 17개 광역자치단체를 포함한 243개 지방자치단체의 민간위탁금(307-06) 예산 운영 현황으로서, 예산 및 해당사무별 업체선정방법, 개별조례 유무, 원가산정기준, 서비스(성과)평가 유무 등을 파악할 수 있는 자료이다.

배성기 지음
한국민간위탁경영연구소
2022년 5월 출간

KCOMI 통계
2022 공공기관 민간위탁 운영현황

본 도서는 전국 340개 공공기관을 대상으로 2021년 전체사무 민간이전 운영현황을 파악할 수 있는 자료이다.

배성기 지음
한국민간위탁경영연구소
2022년 5월 출간

KCOMI 통계
2022 중앙행정기관 행정사무 민간이전 운영현황

본 도서는 전국 342개 중앙행정기관을 대상으로 2018년 민간이전 사업 현황을 분석한 자료로서 국내에서 유일하게 민간위탁 현황을 분석하여, 전국 민간위탁 사무의 관리 현황을 제시하고 있다.

배성기 지음
한국민간위탁경영연구소
2022년 5월 출간

KCOMI 통계
2021 전국 지방자치단체 민·관 협업사무 운영 현황 I
민간경상사업보조(307-02)
민간단체법정운영비보조(307-03)
민간행사사업보조(307-04)

본 도서는 전국 17개 광역자치단체를 포함한 243개 지방자치단체의 2021년 민관 협업사무 운영 현황으로서 국내에서 유일하게 전국 민관 협업사무 운영 현황을 파악할 수 있는 자료이다. 해당 시리즈는 총 3권으로 제작되었다.

배성기 지음
한국민간위탁경영구소
2021 3월 출간

KCOMI 통계
2021 전국 지방자치단체 민·관 협업사무 운영 현황 II
민간위탁금(307-05)
사회복지시설법정운영비보조(307-10)
민간인위탁교육비(307-12)
공기관등에대한경상적대행사업비(308-10)

본 도서는 전국 17개 광역자치단체를 포함한 243개 지방자치단체의 2021년 민관 협업사무 운영 현황으로서 국내에서 유일하게 전국 민관 협업사무 운영 현황을 파악할 수 있는 자료이다. 해당 시리즈는 총 3권으로 제작되었다.

배성기 지음
한국민간위탁경영구소
2021년 3월 출간

KCOMI 통계
2021 전국 지방자치단체 민·관 협업사무 운영 현황 I
민간경상사업보조(307-02)
민간단체법정운영비보조(307-03)
민간행사사업보조(307-04)

본 도서는 전국 17개 광역자치단체를 포함한 243개 지방자치단체의 2021년 민관 협업사무 운영 현황으로서 국내에서 유일하게 전국 민관 협업사무 운영 현황을 파악할 수 있는 자료이다. 해당 시리즈는 총 3권으로 제작되었다.

배성기 지음
한국민간위탁경영구소
2021 3월 출간

KCOMI 통계 - Ebook
2021 전국 지방자치단체 민간위탁 운영현황
민간위탁금(307-05)
사회복지시설법정운영비보조(307-10)
민간인위탁교육비(307-12)
공기관등에대한경상적대행사업비(308-10)

본 도서는 전국 17개 광역자치단체를 포함한 243개 지방자치단체의 민간위탁금(307-06) 예산 운영 현황으로서, 예산 및 해당사무별 업체선정방법, 개별조례 유무, 원가산정기준, 서비스(성과)평가 유무 등을 파악할 수 있는 자료이다.

배성기 지음
한국민간위탁경영구소
2021년 7월 출간

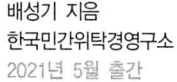

KCOMI 통계
2021 공공기관 민간위탁 운영현황

본 도서는 전국 340개 공공기관을 대상으로 2021년 전체사무 민간이전 운영현황을 파악할 수 있는 자료이다.

배성기 지음
한국민간위탁경영구소
2021년 5월 출간

KCOMI 통계
2021 중앙행정기관 행정사무 민간이전 운영현황

본 도서는 전국 342개 중앙행정기관을 대상으로 2018년 민간이전 사업 현황을 분석한 자료로서 국내에서 유일하게 민간위탁 현황을 분석하여, 전국 민간위탁 사무의 관리 현황을 제시하고 있다.

배성기 지음
한국민간위탁경영구소
2021년 5월 출간

KCOMI 통계 - Ebook
2020 전국 지방자치단체
민·관 협업사무 운영 현황 I

민간경상사업보조(307-02)
민간단체법정운영비보조(307-03)
민간행사사업보조(307-04)

본 도서는 전국 17개 광역자치단체를 포함한 243개 지방자치단체의 2020년 민관 협업사무 운영 현황으로서 국내에서 유일하게 전국 민관 협업사무 운영 현황을 파악할 수 있는 자료이다. 해당 시리즈는 총 3권으로 제작되었다.

배성기 지음
한국민간위탁경영구소
2020 7월 출간

KCOMI 통계 - Ebook
2020 전국 지방자치단체
민·관 협업사무 운영 현황 II

민간위탁금(307-05)
사회복지시설법정운영비보조(307-10)
민간인위탁교육비(307-12)
공기관등에대한경상적대행사업비(308-10)

본 도서는 전국 17개 광역자치단체를 포함한 243개 지방자치단체의 2020년 민관 협업사무 운영 현황으로서 국내에서 유일하게 전국 민관 협업사무 운영 현황을 파악할 수 있는 자료이다. 해당 시리즈는 총 3권으로 제작되었다.

배성기 지음
한국민간위탁경영구소
2020년 7월 출간

KCOMI 통계 - Ebook
2020 전국 지방자치단체
민·관 협업사무 운영 현황 III

민간자본사업보조,자체재원(402-01)
민간자본사업보조,이전재원(402-02)
민간위탁사업비(402-03)
공기관등에대한자본적위탁사업비(403-02)

본 도서는 전국 17개 광역자치단체를 포함한 243개 지방자치단체의 2020년 민관 협업사무 운영 현황으로서 국내에서 유일하게 전국 민관 협업사무 운영 현황을 파악할 수 있는 자료이다. 해당 시리즈는 총 3권으로 제작되었다.

배성기 지음
한국민간위탁경영구소
2020년 7월 출간

KCOMI 통계
2020 전국 지방자치단체
민·관 협업사무 운영 현황 통합본

본 도서는 전국 17개 광역자치단체를 포함한 243개 지방자치단체의 각 분야별 2018년 민관 협업사무 운영 현황으로 하수도시설, 하수슬러지건조화시설, 생활폐기물 수집운반, 생활폐기물 소각시설, 재활용 선별시설, 문화예술, 체육, 관광, 공원, 주차장, 청소년수련시설, 장애인복지시설의 운영 현황을 파악할 수 있는 자료이다.

배성기 지음
한국민간위탁경영구소
2020년 7월 출간

KCOMI 통계 - Ebook
2020 전국 지방자치단체
민·관 협업사무 운영 현황
|하수도시설|

본 도서는 전국 17개 광역자치단체를 포함한 243개 지방자치단체의 하수도시설에 대한 2020년 민관 협업사무 운영 현황을 파악할 수 있는 자료이다.

배성기 지음
한국민간위탁경영구소
2020년 5월 출간

KCOMI 통계 - Ebook
2020 전국 지방자치단체
민·관 협업사무 운영 현황
|하수슬러지건조화시설(소각포함)|

본 도서는 전국 17개 광역자치단체를 포함한 243개 지방자치단체의 하수슬러지건조화시설(소각포함)에 대한 2018년 민관 협업사무 운영 현황을 파악할 수 있는 자료이다.

배성기 지음
한국민간위탁경영구소
2020년 5월 출간

KCOMI 통계 - Ebook
2020 전국 지방자치단체 민·관 협업사무 운영 현황
|생활폐기물 수집운반

본 도서는 전국 17개 광역자치단체를 포함한 243개 지방자치단체의 생활폐기물 수집운반에 대한 2020년 민관 협업사무 운영 현황을 파악할 수 있는 자료이다.

배성기 지음
한국민간위탁경영구소
2020년 5월 출간

KCOMI 통계 - Ebook
2020 전국 지방자치단체 민·관 협업사무 운영 현황
|생활폐기물 소각시설

본 도서는 전국 17개 광역자치단체를 포함한 243개 지방자치단체의 생활폐기물 소각시설에 대한 2020년 민관 협업사무 운영 현황을 파악할 수 있는 자료이다.

배성기 지음
한국민간위탁경영구소
2020년 5월 출간

KCOMI 통계 - Ebook
2020 전국 지방자치단체 민·관 협업사무 운영 현황
|재활용 선별시설

본 도서는 전국 17개 광역자치단체를 포함한 243개 지방자치단체의 재활용 선별시설에 대한 2020년 민관 협업사무 운영 현황을 파악할 수 있는 자료이다.

배성기 지음
한국민간위탁경영구소
2020년 5월 출간

KCOMI 통계 - Ebook
2020 전국 지방자치단체 민·관 협업사무 운영 현황
|문화예술부문

본 도서는 전국 17개 광역자치단체를 포함한 243개 지방자치단체의 문화예술부문에 대한 2020년 민관 협업사무 운영 현황을 파악할 수 있는 자료이다.

배성기 지음
한국민간위탁경영구소
2020년 5월 출간

KCOMI 통계 - Ebook
2020 전국 지방자치단체 민·관 협업사무 운영 현황
|관광부문

본 도서는 전국 17개 광역자치단체를 포함한 243개 지방자치단체의 관광부문에 대한 2020년 민관 협업사무 운영 현황을 파악할 수 있는 자료이다.

배성기 지음
한국민간위탁경영구소
2020년 5월 출간

KCOMI 통계 - Ebook
2020 전국 지방자치단체 민·관 협업사무 운영 현황
|체육부문

본 도서는 전국 17개 광역자치단체를 포함한 243개 지방자치단체의 체육부문에 대한 2020년 민관 협업사무 운영 현황을 파악할 수 있는 자료이다.

배성기 지음
한국민간위탁경영구소
2020년 5월 출간

KCOMI 통계 - Ebook
2020 전국 지방자치단체 민·관 협업사무 운영 현황
|공원부문

본 도서는 전국 17개 광역자치단체를 포함한 243개 지방자치단체의 공원부문에 대한 2020년 민관 협업사무 운영 현황을 파악할 수 있는 자료이다.

배성기 지음
한국민간위탁경영구소
2020년 5월 출간

KCOMI 통계 - Ebook
2020 전국 지방자치단체 민·관 협업사무 운영 현황
|주차장시설

본 도서는 전국 17개 광역자치단체를 포함한 243개 지방자치단체의 체육부문에 대한 2020년 민관 협업사무 운영 현황을 파악할 수 있는 자료이다.

배성기 지음
한국민간위탁경영구소
2020년 5월 출간

KCOMI 통계 - Ebook
2020 전국 지방자치단체 민·관 협업사무 운영 현황
|청소년수련시설

본 도서는 전국 17개 광역자치단체를 포함한 243개 지방자치단체의 청소년수련시설에 대한 2020년 민관 협업사무 운영 현황을 파악할 수 있는 자료이다.

배성기 지음
한국민간위탁경영구소
2020년 5월 출간

KCOMI 통계 - Ebook
2020 전국 지방자치단체 민·관 협업사무 운영 현황
|장애인복지시설

본 도서는 전국 17개 광역자치단체를 포함한 243개 지방자치단체의 장애인복지시설에 대한 2020년 민관 협업사무 운영 현황을 파악할 수 있는 자료이다.

배성기 지음
한국민간위탁경영구소
2020년 5월 출간

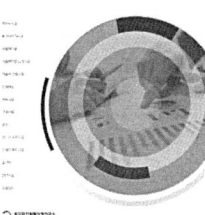

KCOMI 통계
2019 전국 지방자치단체 민·관 협업사무 운영 현황 통합본

본 도서는 전국 17개 광역자치단체를 포함한 245개 지방자치단체의 각 분야별 2019년 민관 협업사무 운영 현황으로 하수도시설, 하수슬러지건조화시설, 생활폐기물 수집운반, 생활폐기물 소각시설, 재활용 선별시설, 문화예술, 체육, 관광, 공원, 주차장, 청소년수련시설, 장애인복지시설의 운영 현황을 파악할 수 있는 자료이다.

배성기 지음
한국민간위탁경영연구소
2019년 출간

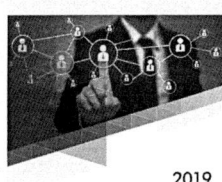

KCOMI 통계
2019 전국 지방자치단체 민·관 협업사무 운영 현황 I
민간경상사업보조(307-02)
민간단체법정운영비보조(307-03)
민간행사사업보조(307-04)

본 도서는 전국 17개 광역자치단체를 포함한 245개 지방자치단체의 2019년 민관 협업사무 운영 현황으로서 국내에서 유일하게 전국 민관 협업사무 운영 현황을 파악할 수 있는 자료이다. 해당 시리즈는 총 3권으로 제작되었다.

배성기 지음
한국민간위탁경영연구소
2019년 출간

KCOMI 통계
2019 전국 지방자치단체 민·관 협업사무 운영 현황 II
민간위탁금(307-05)
사회복지시설법정운영비보조(307-10)
사회복지사업보조(307-11)

본 도서는 전국 17개 광역자치단체를 포함한 245개 지방자치단체의 2019년 민관 협업사무 운영 현황으로서 국내에서 유일하게 전국 민관 협업사무 운영 현황을 파악할 수 있는 자료이다. 해당 시리즈는 총 3권으로 제작되었다.

배성기 지음
한국민간위탁경영연구소
2019년 출간

KCOMI 통계
2019 전국 지방자치단체 민·관 협업사무 운영 현황 III
민간인위탁교육비(307-12),
공기관등에대한경상적대행사업비(308-10)
공사공단경상전출금(309-01)
민간자본사업보조,자체재원(402-01)
민간자본사업보조,이전재원(402-02)
민간위탁사업비(402-03)
공기관등에대한자본적위탁사업비(403-02)
공사공단자본전출금(404-01)

본 도서는 전국 17개 광역자치단체를 포함한 245개 지방자치단체의 2019년 민관 협업사무 운영 현황으로서 국내에서 유일하게 전국 민관 협업사무 운영 현황을 파악할 수 있는 자료이다. 해당 시리즈는 총 3권으로 제작되었다.

배성기 지음
한국민간위탁경영연구소
2019년 출간

KCOMI 통계 - Ebook
2019 전국 지방자치단체 민·관 협업사무 운영 현황
|하수도시설|

본 도서는 전국 17개 광역자치단체를 포함한 245개 지방자치단체의 하수도시설에 대한 2019년 민관 협업사무 운영 현황을 파악할 수 있는 자료이다.

배성기 지음
한국민간위탁경영연구소
2019년 출간

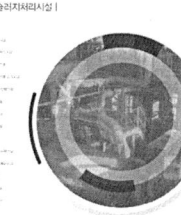

KCOMI 통계 - Ebook
2019 전국 지방자치단체 민·관 협업사무 운영 현황
|슬러지처리시설|

본 도서는 전국 17개 광역자치단체를 포함한 245개 지방자치단체의 하수슬러지건조화시설(소각포함)에 대한 2019년 민관 협업사무 운영 현황을 파악할 수 있는 자료이다.

배성기 지음
한국민간위탁경영연구소
2019년 출간

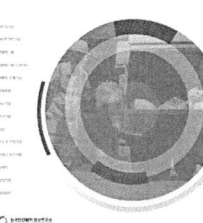

KCOMI 통계 - Ebook
2019 전국 지방자치단체 민·관 협업사무 운영 현황
|생활폐기물 수집운반|

본 도서는 전국 17개 광역자치단체를 포함한 245개 지방자치단체의 생활폐기물 수집운반에 대한 2019년 민관 협업사무 운영 현황을 파악할 수 있는 자료이다.

배성기 지음
한국민간위탁경영연구소
2019년 출간

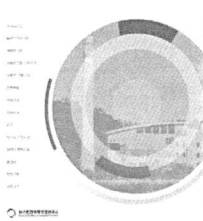

KCOMI 통계 - Ebook
2019 전국 지방자치단체 민·관 협업사무 운영 현황
|생활폐기물 소각시설|

본 도서는 전국 17개 광역자치단체를 포함한 245개 지방자치단체의 생활폐기물 소각시설에 대한 2019년 민관 협업사무 운영 현황을 파악할 수 있는 자료이다.

배성기 지음
한국민간위탁경영연구소
2019년 출간

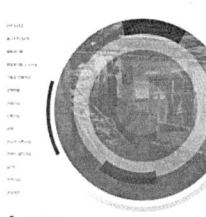

KCOMI 통계 - Ebook
2019 전국 지방자치단체
민·관 협업사무 운영 현황
|재활용 선별시설|

본 도서는 전국 17개 광역자치단체를 포함한 245개 지방자치단체의 재활용 선별시설에 대한 2019년 민관 협업사무 운영 현황을 파악할 수 있는 자료이다.

배성기 지음
한국민간위탁경영연구소
2019년 출간

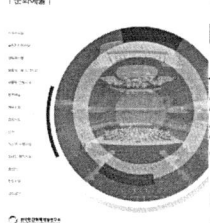

KCOMI 통계 - Ebook
2019 전국 지방자치단체
민·관 협업사무 운영 현황
|문화예술부문|

본 도서는 전국 17개 광역자치단체를 포함한 245개 지방자치단체의 문화예술부문에 대한 2019년 민관 협업사무 운영 현황을 파악할 수 있는 자료이다.

배성기 지음
한국민간위탁경영연구소
2019년 출간

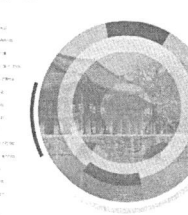

KCOMI 통계 - Ebook
2019 전국 지방자치단체
민·관 협업사무 운영 현황
|관광부문|

본 도서는 전국 17개 광역자치단체를 포함한 245개 지방자치단체의 관광부문에 대한 2019년 민관 협업사무 운영 현황을 파악할 수 있는 자료이다.

배성기 지음
한국민간위탁경영연구소
2019년 출간

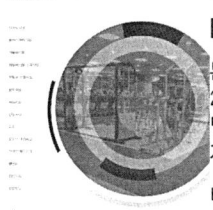

KCOMI 통계 - Ebook
2019 전국 지방자치단체
민·관 협업사무 운영 현황
|체육부문|

본 도서는 전국 17개 광역자치단체를 포함한 245개 지방자치단체의 체육부문에 대한 2019년 민관 협업사무 운영 현황을 파악할 수 있는 자료이다.

배성기 지음
한국민간위탁경영연구소
2019년 출간

KCOMI 통계 - Ebook
2019 전국 지방자치단체
민·관 협업사무 운영 현황
|공원부문|

본 도서는 전국 17개 광역자치단체를 포함한 245개 지방자치단체의 공원부문에 대한 2019년 민관 협업사무 운영 현황을 파악할 수 있는 자료이다.

배성기 지음
한국민간위탁경영연구소
2019년 출간

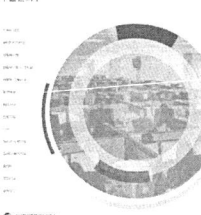

KCOMI 통계 - Ebook
2019 전국 지방자치단체
민·관 협업사무 운영 현황
|콜센터|

본 도서는 전국 17개 광역자치단체를 포함한 245개 지방자치단체의 콜센터 업무에 대한 2019년 민관 협업사무 운영 현황을 파악할 수 있는 자료이다.

배성기 지음
한국민간위탁경영연구소
2019년 출간

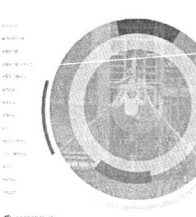

KCOMI 통계 - Ebook
2019 전국 지방자치단체
민·관 협업사무 운영 현황
|청소년수련시설|

본 도서는 전국 17개 광역자치단체를 포함한 245개 지방자치단체의 청소년수련시설에 대한 2019년 민관 협업사무 운영 현황을 파악할 수 있는 자료이다.

배성기 지음
한국민간위탁경영연구소
2019년 출간

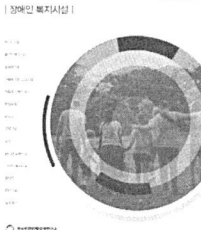

KCOMI 통계 - Ebook
2019 전국 지방자치단체
민·관 협업사무 운영 현황
|장애인복지시설|

본 도서는 전국 17개 광역자치단체를 포함한 245개 지방자치단체의 장애인복지시설에 대한 2019년 민관 협업사무 운영 현황을 파악할 수 있는 자료이다.

배성기 지음
한국민간위탁경영연구소
2019년 출간

KCOMI 통계
2019 정보화사업 운영 현황

본 도서는 전국 지방자치단체, 중앙행정기관, 공공기관의 2019년 정보화사업을 대상으로 사업 현황을 분석한 운영 현황 자료이다.

배성기 지음
한국민간위탁경영연구소
2019년 8월 출간

SVI 통계 - Ebook
2019 공공기관 사회적 가치
구현사업 운영현황 l 통계자료 l

본 도서는 공공기관 사회적 가치 구현사업의 운영 현황에 대한 통계를 파악할 수 있는 자료이다.

배성기 지음
사회적 가치 연구소
2019년 7월 출간

🔵 민간위탁 운영 관리 매뉴얼

지방자치단체사무의 민간위탁서비스
운영관리매뉴얼 Ⅰ
민간위탁조례 및 계약관리방안

민간위탁 성패의 키는 계약관리이다.
본 도서는 민간위탁 서비스를 공급함에 있어 사회적 문제와 이슈를 관리 할 수 있는 체계적인 조례 제정 및 계약관리방법론을 제시하고 있다.

배성기 지음
한국민간위탁경영구소 / 450페이지 / 40,000원

2012년 8월 출간

지방자치단체사무의 민간위탁서비스
운영관리매뉴얼 Ⅱ
민간위탁 운영관리비용 산정

효율적인 서비스 제공을 위한 원가산정방법론 제시 민간위탁서비스의 대시민 만족도를 높이기 위한 시작은 적정한 비용산정과 지급에서 시작된다. 이를 위해 본 도서에서는 세부적인 원가산정방법과 산정예시를 들어 설명하고 있다.

배성기 지음
한국민간위탁경영구소 / 409페이지 / 40,000원

2012년 8월 출간

지방자치단체사무의 민간위탁서비스
운영관리매뉴얼 Ⅲ
민간위탁 서비스 평가

평가 없는 성장 없다.
본 도서에서는 민간위탁 서비스의 지속적인 성장 경영을 위한 경영학적 관리지표개발 및 서비스평가방안을 제시하고 있다.

배성기 지음
한국민간위탁경영구소 / 407페이지 / 40,000원

2012년 8월 출간

지방자치단체 민간투자사업 매뉴얼

지방자치단체 공무원들이 민간투자사업 정책 수립을 위한 전반적인 내용을 포괄적으로 다루어, 실무에 직접 적용할 수 있도록 방향을 제시하고 있다.

배성기 지음
한국민간위탁경영구소 / 247페이지 / 25,000원

2015년 9월 출간

🔵 민간위탁 서비스 경영

공공하수도시설 민간위탁 서비스경영

환경부통계를 기준으로 전국 공공하수처리시설 중 민간위탁으로 운영되는 시설은 318개소, 운영비는 5,000억 원, 운영인원은 3,642명이다. 민간위탁서비스의 질을 높이기 위해서는 시설관리만이 아닌 경영학적 기법이 도입된 체계적인 관리가 필요하다. 이를 위해서 본 도서에서는 공공하수도시설 민간위탁 서비스 경영을 위한 다양한 방안을 제시하고 있다.

배성기·안영진·박철휘·박종운 지음
한국민간위탁경영연구소 / 530페이지 /
40,000원

2012년 4월 출간

공공체육시설 민간위탁 서비스경영

전국 공공체육시설수는 15,137개소로 지속적으로 증가하고 있으며, 국민이 영위하고자 하는 공공체육서비스의 수준도 날로 증가 하고 있다. 이에 민간위탁으로 운영중인 공공체육시설의 서비스 수준의 향상을 위하여 본 도서에서는 공공체육시설 민간위탁 서비스 경영을 위한 다양한 방안을 제시하고 있다.

배성기·김영철 지음
한국민간위탁경영연구소 / 500페이지 / 40,000원

출간예정

관광시설 민간위탁 서비스경영

관광시설은 관광을 위한 편익을 제공하는 시설로서 숙박, 교통, 휴식시설 등을 통해 지역경제 활성화에 도움을 주고 있다. 이중 민간위탁으로 운영중인 관광시설을 대상으로 본 도서에서는 관광시설 민간위탁 서비스 경영을 위한 다양한 방안을 제시하고 있다.

배성기·김상원·김혜진 지음
한국민간위탁경영연구소 / 500페이지 /
40,000원

2015년 9월 출간

생활폐기물 수집·민간위탁 서비스경영

우리나라 일일 발생 생활폐기물량은 5만톤 수준으로 지자체에서는 소각, 매립, 재활용 등의 처리를 민간위탁을 통해 수행하고 있다. 본 도서는 민간위탁을 통해 생활폐기물을 처리하고 있는 지자체를 대상으로 효율적·효과적 관리기법을 제시하고 있다.

배성기 지음
한국민간위탁경영연구소 / 500페이지 / 40,000원

2012년 4월 출간

● 정부원가계산

공기업·준 정부기관·기타 공공기관
정부원가계산의 이론과 실제

공공감사법 적용대상기관인 중앙 41개 기관, 공공 272개 기관의 정부예산 지출시 합리적인 예산지출 및 효과성을 높이기 위해 본 도서는 정부원가계산의 올바른 방법을 이론과 사례를 기준으로 제시하고자 하였다.

배성기 지음
한국민간위탁경영연구소/400페이지/35,000원
2012년 8월 출간

● 사회적 기업 및 비영리 법인

사회적기업 및 비영리법인의
공공부문 계약 입찰

국가 공공서비스가 좀 더 선진 화 되기 위해서는 많은 사회적기업 및 비영리법인이 공공서비스 분야의 입찰 참가를 해야 한다. 정부와 동격의 파트너십을 통해 국민 모두를 파트너십의 수혜자로 만들기 위해 친절하고 자세하게 계약 참여 안내를 하고 있다.

배성기 옮김
한국민간위탁경영연구소 · scotland.gov.uk
/250페이지/30,000원
2012년 8월 출간

● 기타 민간위탁 분야 도서

KCOMI통계 2013
전국 민간위탁 운영현황 분석

본 도서는 민간위탁 본연의 목적과 기능을 유지하기 위해 발주처에서는 선택의 폭을 넓히고, 위탁기업들은 건전한 경쟁관계를 유도하기 위하여 전국 246개 지자체별 민간위탁 사무현황, 위탁예산현황, 위탁기업의 현황, 위탁기간 현황, 위탁자 선정방법 등을 조사·분석하였다.

배성기 지음
한국민간위탁경영연구소 / 513페이지 / 20,000원
2013년 8월 출간

민간위탁 절차 · 평가 개선 교육교재

민간위탁제도가 도입된 지 13년이 지났지만 민간위탁에 대한 제도적 정비 및 운영상의 문제에 대한 지적은 끊이지 않는다. 본 도서는 민간위탁 사무를 추진함에 있어 꼭 필요한 조례, 계약, 비용, 평가 등의 내용을 중심으로 지방자치단체 공무원들의 정책결정을 돕고자 작성되었다.

배성기 지음
한국민간위탁경영연구소
민간위탁교육 참가자 배부용

공공하수처리시설 민간위탁 서비스평가

평가없는 성장 없다.
본 도서는 현행 공공하수처리시설 민간위탁 평가에 대한 법적 근거 및 제도에 대한 고찰을 통하여 보다 합리적인 민간위탁 서비스 평가 방안을 제시하고 있다.

배성기·안영진·박철휘·박종운 지음
한국민간위탁경영연구소 / 316페이지 / 25,000원
2011년 12월 출간

큰 사회(BIG Society)

영국 캐머론 총리의 큰 사회는 공공서비스 향상을 추구하며, 개념적으로는 국가를 반대하지 않으며 다양한 증거를 바탕으로 영국 사회를 지원하고 사회적 욕구를 충족시키는 현재 국가의 능력에 대해 깊이 있게 고민한다. 이는 우리나라에도 시사하는 바가 크므로 소개하고자 하였다.

배성기·이화진·김태현·남효응 옮김
나남출판사·UBP / 165페이지 / 15,000원
출간 예정

공공관리 번역 도서

분쟁 후 취약한 상황에서의 정부기능 및 정부서비스 민간위탁

본 역서는 원조의 비효율적 비효과적 집행을 방지하고, 수원국의 역량개발에 도움을 줄 수 있는 방안을 도모하여 현장실무자들과 정부의 정책입안자들과 협력하기 위한 안내서의 역할을 해 줄 것이다. 또한 선진국의 민간위탁제도 운영방법론은 국내에서 좋은 시사점을 제공하고 있다.

배성기 옮김
한국민간위탁경영연구소 · OECD / 165페이지 / 25,000원
2011년 11월 출간

지방정부 서비스계약 (Local Government Contract)

공공을 위한 최선의 거래를 추구하는데 있어서 책임성과 유연성, 공익성과 경제성 등을 최적으로 조합하는 것은 현대 서비스 계약업무의 핵심이다. 본 역서는 그 조합방식을 유용하게 제안하고 있다.

배성기 옮김
한국민간위탁경영연구소 · ICMA / 200페이지 / 30,000원
출간 예정

정부계약자들을 위한 가격책정 및 원가계산 (Pricing and Cost Accounting)

정부와 계약기간 중 요구사항을 준수하고, 이윤을 유지하기 위한 협상방법을 수록하고 있다. 입찰에 대한 변경 요구 사항은 가격책정 원가계산 하도급 계약변경을 수반하며 이에 대한 정보를 제공하고 있다.

배성기 옮김
한국민간위탁경영연구소 · MC / 220페이지 / 25,000원
출간예정

서비스 수준관리 (Service Level Management)

서비스 수준관리(SLM)는 서비스 업무범위를 정의하여 서비스제공에 따른 업무목표, 해당부서 및 책임부서를 기술하고 고객과 서비스 공급업체의 업무분담을 명확히 하여 서비스 공급업체와 고객 양측 모두의 기대와 목적을 충족시키기 위한 내용을 기술하고 있다.

배성기 옮김
한국민간위탁경영연구소 · TAS / 240페이지 / 25,000원
출간 예정

공공관리와 성과 (Public Management and Performance)

공공서비스 성과가 뜻하는 바가 무엇이고, 이와 관련한 연구의 주요 성과는 무엇인가? 왜 관리가 중요한가? 연구자, 정책결정자, 실무자들에게 주는 함의는 무엇이며, 향후 과제는 무엇인가? 에 대해 저자들은 이야기 하고 있다.

배성기 · 김윤경 · 김영철 옮김
한국민간위탁경영연구소 · 캠브리지대학출판사 / 200페이지 / 35,000원
2012년 8월 출간

사회기반시설 자산관리 (Infrastructure Asset Management)

자산관리의 목표, 서비스 제공능력과 자산상태의 구체적 목표를 검토하고, 자산관리 활동을 최적화·체계화하기 위해 현재의 서비스 제공능력과 자산상태(condition)를 비교한다. 또 최적의 의사결정을 위해 필요한 재정적 고려사항에 대해서도 요약하고 있다.

유인균 · 박미연 · 배성기 옮김
한국민간위탁경영연구소 · CIRIA / 200페이지 / 35,000원
2012년 8월 출간

지방자치단체 사회적가치구현을 위한 공공조달프레임워크

영국의 중앙 및 지방정부기관들은 최저가 대신 사회적 가치를 고려해 최고가치(Best Value)를 지닌 쪽을 선택하도록 규정과 지침을 만들어 공공조달에 적용하고 있다.

이에, 영국의 사회적 가치 구현을 위한 조달규정 및 지침관련 사례를 발굴하여 국내에 홍보·전파하고자 출간하게 되었다.
배성기
브릿지협동조합 / 170페이지 / 25,000원

2016년 4월 출간

지방자치단체 공공서비스 혁신
협동조합도시 런던시 램버스구

영국 런던시 램버스구, 협동조합방식의 지방자치단체 경영과 공공서비스 혁신을 가능하게 하는 영국의 법·제도적 환경, 지자체조례, 지자체 경영원칙, 사회적·경제적·환경적 가치구현을 위한 목표달성전략 및 프로세스등을 자세히 소개하고 있다.

배성기 지음
브릿지협동조합 / 184페이지 / 25,000원

2016년 5월 출간

영국 중앙정부 및 지방정부 사회적 가치 구현 사례집

본 지침은 Highways England와 하도급업체가 2012년 공공서비스(사회적가치)법에 의한 서비스 공급과 관련된 사회적가치를 확인하고 구현하기 위한 접근방법을 설명한다.

배성기 옮김
사회적 가치 연구소 / 290페이지 / 21,000원
2018년 6월 출간

사회적기업 및 비영리법인의 공공부문 계약 입찰

지방계약분야는 사회·경제적 상황에 따라 빠르게 변화하는 분야이며, 많은 관련 법령과 하위 규정들이 있어 실무자들이 업무를 숙지하는 데 상대적으로 어려움을 겪는 분야이기도 합니다. 2018년도 매뉴얼은 계약시 고려해야 할 사회적 가치와 더불어 실무에서 주로 활용되는 유권해석, 판례 등을 중점적으로 수록하였습니다.

서울특별시 엮음
브릿지협동조합 / 350페이지 / 24,000원
2018년 6월 출간

한국민간위탁연구소는 공공서비스 관리 혁신을 통해
더 나은 정부, 더 나은 사회, 더 많은 사업기회를 만들어 갑니다.

T. 02-943-1941 F. 02-943-1948 E. kcomi@kcomi.re.kr H. www.kcomi.re.kr

도서출판
큰날개

큰날개는 급변하는 국내의 사회 환경 가운데에서 다양한 의견을 수렴하여 인간이 추구하는
더 높은 이상향을 향해 나아가고자 하는 바람을 추구하는 출판전문기업입니다.
특히 사회적으로 가치 있는 콘텐츠를 가진 사람이라면 누구나 책을 출간 할 수 있고,
원하는 독자층에 도달 할 수 있도록 도와주는 퍼블리싱 파트너(Publishing Partner)가 되고자 합니다.

T. 02-943-1947   F. 02-943-1948   H. bigwing.modoo.at